Elsbeth Bihler

# Symbole des Lebens –
# Symbole des Glaubens I

Elsbeth Bihler

# Symbole des Lebens – Symbole des Glaubens

Band I: Licht – Feuer

Werkbuch für Religionsunterricht und Katechese

Lahn-Verlag

**Bibliografische Information der Deutschen Nationalbibliothek**

Die Deutsche Nationalbibliothek verzeichnet diese Publikation in der Deutschen Nationalbibliografie; detaillierte bibliografische Daten sind im Internet über http://dnb.d-nb.de abrufbar.

Wir danken den Autorinnen und Autoren sowie den Verlagen für die uns freundlicherweise erteilten Abdruckgenehmigungen. Leider war es nicht in allen Fällen möglich, den Rechtsinhaber ausfindig zu machen. Wir bitten ggf. um Benachrichtigung.

verlags gruppe engagement

Neuausgabe


Umschlaggestaltung: Elisabeth von der Heiden, Geldern
Umschlagfotos: Getty Images
Notensatz: Nikolaus Veeser, Schallstadt
Satz: Schröder Media GbR, Dernbach
Printed in Germany


ISBN 978-3-7840-3405-8

# Inhalt

### Sterne



### Regenbogen



### Himmel



### Wolke

## Wind



## Feuer



## Stichwortregister

# Vorwort

Menschen zu einem Leben aus dem Glauben zu befähigen, ist ein wichtiges Ziel von Katechese und Religionsunterricht. Wenn Menschen glauben wollen, müssen sie ihren Glauben kennen und die wichtigsten Glaubensaussagen wissen. Allein durch Wissensvermittlung kann es aber nicht gelingen, Menschen den Zugang zum Glauben zu eröffnen. Ein Glaube, der nicht auch im Alltag und im konkreten Leben erfahrbar wird, trägt nicht.

Damit Glaube tragfähig wird, müssen Menschen sensibel werden für ihre Umwelt. Sie müssen den Grund ihres Lebens aufspüren und Zeichen erkennen können, in denen ihnen Leben und Glaube erschlossen werden.

Eine wichtige Quelle für das Verständnis des Glaubens sind Zeichen, Bilder und Symbole, in denen etwas von der Wirklichkeit Gottes und seiner Beziehung zum Menschen aufscheint. Nicht zuletzt deshalb redet die Bibel an vielen Stellen in Bildern und Symbolen. Es handelt sich dabei meistens um Urbilder und Ursymbole, die den Menschen der damaligen Zeit zugänglich und verständlich waren.

Heute fällt es Menschen oft schwer, über alltägliche Dinge zu staunen und darin ihre eigene Lebenswirklichkeit oder gar eine Ahnung Gottes zu erkennen. Zeichen und Symbole unserer Gottesdienste z. B. werden oft nicht mehr verstanden. Was aber nicht verstanden wird und deshalb nicht mitvollzogen werden kann, wird uninteressant. Urbilder und Ursymbole, die in jeder menschlichen Kultur bisher eine wesentliche Bedeutung hatten, müssen daher wiederentdeckt und für die Menschen unserer Zeit neu erschlossen und erfahrbar gemacht werden.

»Symbole des Lebens – Symbole des Glaubens« will dazu einen praktischen Beitrag leisten. Es ist keine wissenschaftliche Ergründung von Symbolen beabsichtigt, vielmehr werden praktische Anregungen vermittelt, die helfen sollen, Menschen den Glauben über den Zugang der Symbole näherzubringen.

Bei dieser Erschließung geht es um die Einbeziehung aller menschlichen Ausdrucksformen in Wort, Bild, Lied, Tanz, Spiel und Aktion, aber auch um die Rückbindung an biblische Bezüge sowie Erfahrungen der Stille.

Jedes der vorgestellten Symbole bildet deshalb ein eigenes Kapitel und ist nach folgenden Abschnitten gegliedert:

Einführung in das Symbol
Biblische Bezüge
Geschichten/Texte
Lieder/Tanz und Musik
Bilder
Gestalten/Malen/Basteln
Stilleübungen
Spiel und Aktion.

Im vorliegenden, vollständig neu überarbeiteten und ergänzten Werkbuch geht es um die Grunderfahrung von Licht (und Dunkelheit), die konkretisiert wird in der Symbolik von Sonne, Mond, Sternen. Das farbige Lichterspiel des Regenbogens leitet über zum Symbol Himmel, das dann weiterführt zu Wolke, Wind, Feuer.
Allen, die in Religionsunterricht und Katechese tätig sind, will dieses Werkbuch konkrete Möglichkeiten aufzeigen, Symbole für Kinder, Jugendliche und Erwachsene in vielfältiger Weise zu erschließen und erfahrbar zu machen.

*Elsbeth Bihler*

# Licht (und Dunkelheit)

## Einführung in das Symbol

Lichtsymbolik erleben wir in sehr vielschichtiger Weise. Wir begegnen ihr in allen Kulturstufen, bei allen Völkern, in allen Religionen. Licht ist die Quelle des Lebens. Licht bedeutet Leben, Wärme und Orientierung.
Der Gegensatz zum Licht ist Dunkelheit. Sie bedeutet Orientierungslosigkeit, Bedrohung, Todesgefahr. Wie froh müssen Menschen gewesen sein, als sie in der Lage waren, durch Feuer selbst Licht in Dunkelheit zu bringen.
Die Götter (z. B. bei den Griechen) wohnen im Licht, strahlende Helligkeit repräsentiert die Gottheit. In manchen Religionen ist der Glaube verbreitet, dass die Gottheit selbst Licht ist.
Auch im Christentum ist die Lichtsymbolik von grundlegender Bedeutung. So wird z. B. die Herrlichkeit Gottes mit einem unbeschreiblichen Lichtglanz verglichen, wie in der Erzählung von der Verklärung Jesu auf dem Berg Tabor (vgl. Lk 9). Ähnliche Erlebnisse von Gottesbegegnungen berichten auch die Mystiker(innen). So schreibt z. B. Mechthild von Magdeburg ein Buch mit dem Titel »Das fließende Licht der Gottheit«.
Jesus selbst sagt von sich im Johannesevangelium: »Ich bin das Licht der Welt«, das Licht, das Leben schenkt. Deshalb fordert Jesus auch von denen, die ihm folgen, selbst Licht in der Welt zu sein.
Liturgie und Brauchtum des Kirchenjahres durchzieht die Lichtsymbolik ebenfalls: angefangen beim Adventskranz, dem wachsenden Licht, das seinen Höhepunkt in den vielen Lichtern am Weihnachtsbaum findet, über das Fest der Darstellung des Herrn (»Lichtmess«) mit der Kerzenweihe bis hin zum feierlichen Licht der Osternacht: Lumen Christi, Christus, das Licht. Kein Gottesdienst ist denkbar ohne Kerzenlicht, und um an die Gegenwart Gottes in der Welt zu erinnern, brennt am Tabernakel das »ewige Licht«.

## Biblische Bezüge

### *1. Licht als Wegweiser*

| | | | |
|---|---|---|---|
| Psalm | 119,105 | Matthäus | 5,14–16 |

### 2. Der Gegensatz von Licht und Finsternis

| | | | |
|---|---|---|---|
| Genesis | 1,1–5 | 2 Korinther | 4,6 |
| Psalm | 139,11–12 | Epheser | 5,8–14a |
| Jesaja | 9,1 | 1 Johannes | 1,5–7 |
| Johannes | 3,19–21 | | 2,8–11 |
| Römer | 13,11–12 | | |

### 3. Gott ist Licht

| | | | |
|---|---|---|---|
| Psalm | 27,1 | Johannes | 1,1–11 |
| Jesaja | 60,1–5.19–20 | | 8,12 |
| Lukas | 2,29–32 | Apostelgeschichte | 9,1–9 |

### 4. Licht als Lampen

| | | | |
|---|---|---|---|
| Matthäus | 25,1–13 | Lukas | 11,33–36 |

## Geschichten/Texte

### 1. Licht sein

In einem Winkel der Welt kauerte verbissen, trotzig und freudlos eine dicke, schauerliche Finsternis. Plötzlich erschien in dieser Not ein kleines Licht, klein, aber ein Licht. Jemand hatte es hingestellt. Es war ganz einfach da und leuchtete. Einer, der vorüberging, meinte: »Du ständest besser woanders als in diesem abgelegenen Winkel.« – »Warum?«, fragte das Licht. »Ich leuchte, weil ich Licht bin, und weil ich leuchte, bin ich Licht. Ich leuchte nicht, um gesehen zu werden, nein, ich leuchte, weil es mir Freude macht, Licht zu sein.« Aber die düstere Finsternis ging zähneknirschend und wütend gegen das Licht an. Und doch war die ganze große Finsternis machtlos gegen dieses winzige Licht.

*Heinrich Lhotzky*

## *2. Die Halle der Welt mit Licht erfüllen*

Es war einmal ein König, der hatte zwei Söhne. Als er alt wurde, wollte er sie auf die Probe stellen. Dem Weiseren von beiden wollte er sein Reich und die Herrschaft übertragen. Er rief seine Söhne zu sich, gab jedem fünf Silberstücke und sagte: »Für dieses Geld sollt ihr die Halle meines Schlosses bis zum Abend füllen. Womit, das ist eure Sache.«
Der älteste Sohn ging davon. Er kam an einem Feld vorbei, auf dem gerade gedroschen wurde. Das Stroh lag nutzlos herum. Er dachte sich: Mit diesem nutzlosen Zeug werde ich die Halle schnell bis zum Abend gefüllt haben! Zusammen mit den Feldarbeitern setzte er diesen Gedanken in die Tat um. Als die Halle voll war, ging er zu seinem Vater und sagte: »Du kannst mir die Herrschaft übertragen, denn es ist noch nicht Abend, und ich habe die Halle schon gefüllt!« Der Vater sagte: »Es ist noch nicht Abend. Ich werde warten.«
Am Abend kam der jüngere Sohn nach Hause. Die Halle wurde vom Stroh geleert, damit er sie nun füllen konnte. Er ging in die Mitte der Halle, stellte eine Kerze dorthin und zündete sie an. Der Schein füllte die dunkle Halle bis in den letzten Winkel hinein. Der Vater sagte: »Du sollst mein Nachfolger sein. Dein Bruder hat fünf Silberstücke ausgegeben, um die Halle mit diesem nutzlosen Zeug anzufüllen. Du hast nicht einmal ein Silberstück gebraucht und hast sie mit Licht erfüllt. Du hast sie mit dem gefüllt, was die Menschen am notwendigsten brauchen.«

## *3. Die vier Kerzen*

Vier Kerzen brannten am Adventskranz. Es war ganz still. So still, dass man hörte, wie die Kerzen zu reden begannen. Die erste Kerze seufzte und sagte: »Ich heiße *Friede*. Mein Licht leuchtet, aber die Menschen halten keinen Frieden, sie wollen mich nicht.« Ihr Licht wurde immer kleiner und verlosch schließlich ganz. Die zweite Kerze flackerte und sagte: »Ich heiße *Glaube*. Aber ich bin überflüssig. Die Menschen wollen von Gott nichts wissen. Es hat keinen Sinn mehr, dass ich brenne.« Ein Luftzug wehte durch den Raum, und die zweite Kerze war aus. Leise und sehr traurig meldete sich nun die dritte Kerze zu Wort. »Ich heiße *Liebe*. Ich habe keine Kraft mehr zu brennen. Die Menschen stellen mich an die Seite. Sie sehen nur sich selbst und nicht die anderen, die sie lieb haben sollen.« Und mit einem letzten Aufflackern war auch dieses Licht ausgelöscht. Da kam ein Kind in das Zimmer. Es schaute die Kerzen an und sagte: »Aber, aber ihr sollt doch brennen und nicht aus sein!« Und fast fing es an zu weinen. Da meldete sich auch die vierte Kerze zu Wort. Sie sagte: »Hab keine Angst, solange ich brenne, können wir auch die anderen Kerzen wieder anzünden. Ich heiße *Hoffnung*.« Mit einem Streichholz nahm das Kind Licht von dieser Kerze und zündete die anderen Lichter wieder an.

*Elsbeth Bihler*



## 4. Das Adventslicht

Ob sie das vielleicht mit nach Hause nehmen dürfte, fragte sie und hielt den kleinen Kerzenständer aus Stanniol, der auf ihrem Tisch gestanden hatte, in ihren alten, zittrigen Händen. Die Kinder hatten die Kerzenständer für die Altenfeier im Pfarrsaal gebastelt, und die Kerze darin war fast heruntergebrannt.
Frau Heldmann nickte ihr freundlich zu. Dann wandte sie sich wieder der Arbeit zu, die sie mit anderen Frauen heute Nachmittag übernommen hatte. Sie legte die übrig gebliebenen Kuchenstücke zusammen auf einen Teller und stellte dann die Kaffeetassen ineinander. Eine Stunde würden sie noch brauchen, bis alles wieder gespült und aufgeräumt war.
Die alte Frau verpackte den Stanniolständer mit dem winzigen Kerzenrest sorgsam in ihrer Handtasche und ging dann mit müden Schritten dem Ausgang zu. Man hatte ein Taxi für sie bestellt, damit sie sicher und bequem nach Hause käme.
Später stellte sie das kleine Licht dort zu dem Platz, an dem sie nun seit über drei Monaten allein ihr Essen einnahm. Sie kochte sich einen Tee und zündete die kleine Kerze wieder an, bevor sie sich davorsetzte. Eigentlich hatte sie in diesem Jahr mit Advent und Weihnachten nichts im Sinn gehabt. Seitdem ihr Mann im Herbst gestorben war, war ihr ihre Einsamkeit von Tag zu Tag schmerzlicher bewusst geworden. Die Kinder waren weit weg. Si-

cher würden sie sie zu Weihnachten einladen. Aber sie war sich nicht sicher, ob sie diese Einladung annehmen würde. Sie war Weihnachten noch nie von zu Hause fort gewesen. Der Schmerz war noch zu groß. Damit wollte sie Weihnachten niemanden belasten. Hier zu Hause hatte sie nichts vorbereitet, was auf Advent oder Weihnachten hindeutete. Nein, sie wollte möglichst wenig von der vorweihnachtlichen Zeit mitbekommen, um das Alleinsein nicht noch härter zu empfinden. Nur zögernd hatte sie die Einladung der Kirchengemeinde zur Altenfeier angenommen. Und das auch erst, nachdem sie zweimal bei ihr gewesen waren und sogar das Taxi versprochen hatten.
Jetzt blickte die alte Frau in die fast ausgebrannte Kerze und erinnerte sich daran, wie schön der Nachmittag doch gewesen war. Seit langer Zeit hatte sie wieder einmal gelacht, als die Kinder das Spiel von der verlorenen Nikolausmütze spielten. Sie hatte sich an Zeiten erinnert gefühlt, als ihre eigenen Kinder noch klein waren, als sie noch eine richtige Familie waren. Als ihr bewusst wurde, dass die Kerze am ausbrennen war, stand sie schnell auf und suchte in einer Schublade nach einer anderen. Und als sie sie in den kleinen Ständer steckte und anzündete, da spürte sie deutlich, dass dieser Tag anders war als all die Tage vorher. Ein bisschen freudiger, hoffnungsvoller.
Später rief sie ihre Tochter in Hamburg an. Sie erzählte von der Adventsfeier, berichtete von dem Spiel der Kinder und von dem kleinen Kerzenständer, den sie mit nach Hause genommen hat. Und als ihre Tochter sie fragte, ob sie nicht doch an Weihnachten zu ihnen kommen wollte, da wehrte sie nicht mehr ab, sondern fragte: »Wird es nicht zu eng bei euch, wenn ich komme?«

*Rolf Krenzer*

## *5. Die vier Lichter des Hirten Simon*

Zweitausend Jahre ist es nun schon her, da hütete der Hirte Simon im fernen Land Galiläa die Schafe. Es war ein grauer Tag. Schwere Nebel lagen über dem Boden. Abdon, der Mann, dem die Schafe gehörten, schaute vergeblich nach der Sonne aus. So schickte er die Hirten Jakob und Simon auf eine höher gelegene Wiese. Dort, über dem Nebel, sollten sie die Schafe weiden.
Simon drängte sich an Jakob. Im dichten Nebel war es ihm unheimlich. Er war noch jung, erst neun Jahre alt. Jakob war groß und stark. Schützend legte er Simon den Arm um die Schultern.
Da sprang ein schneeweißes Lamm herbei. Es blökte ängstlich. Jakob nahm das Lamm und legte es Simon in die Arme. »Hier«, sagte er. »Du darfst unser kleinstes Lamm tragen. Hüte es gut!«
Simon freute sich und ließ das Lamm nicht aus den Augen. Nachts durfte es sogar unter seinem Mantel schlafen. Das gab beiden Wärme und Zutrauen.
Sechs Tage blieben Jakob und Simon auf den Hügeln, dann wurde es Zeit, die Schafherde für die Heimkehr zusammenzutreiben. Die Wiesen waren abgegrast, Abdon musste ihnen eine neue Weide zuweisen. Simon wollte helfen. Doch Jakob schüttelte den Kopf. »Du und das Lamm, ihr ruht euch aus, bis ich die Schafe beieinander habe.«
Simon war froh. Das Lamm hatte ihn ganz schön auf Trab gehalten. Immer wieder war es davongelaufen und musste eingefangen werden. Simon ließ sich unter einem Olivenbaum nieder und schloss müde die Augen. Das Lamm kuschelte sich dicht an ihn.
Da breitete sich ein wundersamer Duft aus, ein Duft von Rosen, Lilien und Mandelblüten. Simon versuchte, die Augen zu öffnen, aber die Lider waren zu schwer. Jetzt glaubte er, auch einen fröhlichen Gesang zu hören. Immer deutlicher. Dann trat plötzlich die Stille ein. Auch der süße Duft verflüchtigte sich.
Endlich gelang es Simon, die Augen zu öffnen. Vor ihm stand Jakob. Ernst blickte er Simon an und fragte: »Wo ist das Lamm?« Simon erschrak. Eben hatte das Lamm doch noch neben ihm gelegen! Simon sprang hoch. Er rief nach dem Lamm. Er lockte es an. Doch kein vertrautes Blöken antwortete. Er sucht es überall. Vergeblich. »Komm, wir müssen die Herde heimtreiben«, sagte Jakob. Traurig trottete Simon neben der Herde einher. Wo war sein Lamm? War ihm etwas zugestoßen? Was würde Abdon sagen?

Abdon war sehr verärgert, als sie spät nachts ankamen und Simon erzählte, wie sein Lamm verloren gegangen war. »Das ist doch alles Unsinn, was du mir da erzählst von einem wundersamen Traum«, schimpfte Abdon. »Geschlafen hast du, statt aufzupassen!« Wütend schüttelte er Simon an den Schultern. »Sofort machst du dich auf den Weg. Aber wage nicht, ohne mein Lamm wiederzukommen!«, drohte er.
Jakob machte sich Sorgen, den Jungen so ganz alleine gehen zu lassen. Aber er konnte nichts gegen Abdon tun. So ging er in seine Kammer und holte die Laterne mit den vier Lichtern, die er einst von einem Wanderer bekommen hatte mit den Worten: »Sie werden dem im Dunkeln leuchten, der in Not ist.« Nun gab Jakob die Laterne an Simon weiter und sagte: »Trage den vier Lichtern Sorge, dann werden sie dir auf dem Weg leuchten.« Simon nahm die Laterne mit den vier Lichtern, und in seinen Händen leuchteten sie auf. Zuversichtlich machte sich Simon auf den Weg, sein Lamm zu suchen.
Die ganze Nacht und den ganzen Tag hatte Simon die Hügel abgesucht, aber keine Spur von seinem Lamm entdeckt. Schon ging die Sonne wieder unter. Sollte er überhaupt noch weitersuchen? War nicht alles sinnlos? Er gab die Hoffnung beinahe auf.
Da, regte sich nicht etwas hinter dem Felsen? War es sein Lamm? »Lamm, kleines Lamm, komm!«, lockte Simon hoffnungsvoll.
»Ho!«, brummte eine tiefe Männerstimme. »Was suchst du? Ein Lamm?« Simon erschrak. Er wollte davonlaufen. »Vor mir brauchst du nicht davonzulaufen«, sagte der Mann. »Doch wenn du ein Lamm suchst, dann findest du es im Olivenhain hinter jenem Felsen. Ich habe es gesehen. Es ist klein und schneeweiß.« – »Das ist mein Lamm!«, freute sich Simon. »Du hast mein Lamm gefunden! Danke! Kann ich dir irgendwie helfen?« – »Helfen? Mir kann niemand helfen. Mein Weg ist im Dunkeln«, sagte der Mann leise. »Dunkel? Nein!«, rief Simon und hielt dem Mann eines seiner Lichter hin. »Hier, nimm es. Es wird deinen Weg erhellen. Was soll ich mit vier Lichtern, wenn du keines hast. Drei Lichter sind genug für mich.« – »Du willst mir ein Licht schenken? Mir?«, wunderte sich der Mann und nahm das Licht. »Du bist der erste Mensch, der freundlich zu mir ist. Danke. Danke, mein Junge!«, sagte der Mann, und im Weggehen flüsterte er vor sich hin: »Dabei bin ich ein Dieb!«
Die Nacht war hereingebrochen. Simon lief in den Olivenhain, um endlich sein Lamm zu finden. Aber von seinem Lamm war nichts

zu sehen. Hatte es sich versteckt? Dort, in der Höhle, regte sich etwas. Simon rannte hin. War es sein Lamm? Nein, es war ein Wolf! Schon schnappte er nach seinem Mantel. Simon zitterte. Er versuchte, sich loszureißen. Sofort gab der Wolf ihn frei. Er winselte und leckte seine Pfote. Da erst sah Simon die blutende Wunde an seiner Pfote. Alle Angst war verflogen. Schnell riss er ein Stück Stoff von seinem Mantel ab und verband vorsichtig die Wunde. »Nun bleib brav liegen«, sagte er, »damit die Wunde heilen kann!«

Simon stand auf, um weiterzugehen und sein Lamm zu suchen. Doch der Wolf zerrte wieder an seinem Mantel und sah ihn an. »Ich soll bei dir bleiben? Ist es das, was du sagen möchtest?« Simon streichelte den Wolf. »Das kann ich nicht. Ich muss das Lamm suchen. Vielleicht braucht es meine Hilfe, wie du.«

Nach kurzem Überlegen stellte er eines der Lichter neben den Wolf. »Hier, Wolf, hast du ein Licht. Es wird dich wärmen. Zwei Lichter sind genug für mich. Jakob wird das begreifen.« Dankbar blickte der Wolf ihm nach.

Wo sollte Simon nun das Lamm suchen? Lange irrte er umher, bis er bei Tagesanbruch in eine kleine Stadt kam. In einer Straße traf er einen Bettler an. »Eine Gabe, nur eine kleine Gabe!«, rief der Mann. »Ich habe doch selber nichts«, sagte Simon und blieb stehen. »Ich bin nur der Hirte Simon und habe mein Lamm verloren.«

»Ein Lamm?« – »Ja, es ist mir davongelaufen. Hast du es vielleicht gesehen?« – »O nein! Ich sehe nur Hunger und Not«, antwortete der Alte. »Ich lebe mit den Ärmsten weit draußen in einer finsteren, kalten Grotte.« – »Nimm wenigstens dieses Licht von mir«, sagte Simon. Es wird euch etwas Wärme und Licht geben. Mehr habe ich nicht, fügte er hinzu. Der Alte nahm das Licht und stand auf. »Danke! Hoffentlich findest du bald dein Lamm.« Und jeder ging seinen Weg.

Simon hatte im Städtchen herumgefragt. Vergeblich. Keiner hatte sein Lamm gesehen. Er war entmutigt. Sein letztes Licht leuchtete auch nur noch schwach. Als die Nacht hereinbrach, setzte er sich draußen vor der Stadt müde an den Wegrand.

Da hüllte ihn wieder dieser wundersame Duft ein. Der Duft von Rosen, Lilien und Mandelblüten. Woher kam dieser betörende Duft? Simon stand auf. Nun hörte er auch den fröhlichen Gesang. Er schaute sich um. Da entdeckte er Licht in einem Stall. Er ging darauf zu und trat zögernd ein. Simon konnte kaum etwas erken-

nen. Er blieb stehen und blinzelte. Da schimmerte etwas weiß im Halbdunkel. Es war sein Lamm! Sein verlorenes Lamm! »Tritt näher«, sagte eine freundliche Stimme. Simon konnte nicht antworten. Er war so glücklich. Dann sah er das Kind. Es lag auf Stroh ganz dicht bei seinem schneeweißen Lamm!
Simon kniete nieder und schenkte dem Kind sein letztes kleines Licht. Nur noch schwach glühte die Flamme. Doch seltsam! Wie von unsichtbarer Hand entzündet, flammte das Licht auf. Sein Leuchten breitete sich aus und erfüllte den ärmlichen Raum mit festlichem Glanz. Am Himmel strahlten die Sterne heller und heller, und der frohe Gesang klang weit hinaus bis zu den Hirten auf dem Feld.

*Gerda Marie Scheidl*



## 6. Licht von der Osterkerze

Die Kinder laufen hinter dem Religionslehrer zur Kirche hinüber.
»Ich bin gespannt, was er vorhat«, sagt Jakob.
»Beichten üben«, sagt Rudi. »Meine Mutti hat auch schon mit mir beichten geübt. Auf 17 Sünden sind wir gekommen.«
»Der Max hält den Rekord«, sagt Kathi. »59 Sünden, aber viele von der gleichen Sorte natürlich.«
Der Lehrer dreht sich um, schaut die Kinder an und seufzt. »59? Höchste Zeit, dass wir uns darüber unterhalten«, brummt er.
In der Kirche ist es dämmrig dunkel, nur die Osterkerze brennt.
Der Lehrer hat viele kleine Kerzen mitgebracht, für jedes Kind eine.
Die Kinder zünden ihre Kerzen an der großen Osterkerze an und stellen sie auf die Stufe vor dem Altar. Der Lehrer setzt sich auf den Teppichboden vor der Stufe. Die Kinder setzen sich zu ihm. Sie sehen den brennenden Kerzen zu – und warten.
»Diese Kerzen da«, sagt der Lehrer in die Stille hinein, »was tun die eigentlich?«
»Brennen, kommt mir vor«, sagt Rudi. Die Kinder lachen.
»Eine Kerze, die brennt«, sagt der Lehrer, »wozu ist die gut?«
»Sie leuchtet«, sagt Kathi.

»Sie wärmt auch«, sagt Jakob.
»Und eine Kerze, die nicht brennt?«, fragt der Lehrer.
»Die leuchtet und wärmt nicht«, sagt Susi. »Von der hat man nichts. Man muss sie erst anzünden.«
»Stellt euch einmal vor, dass wir solche Kerzen sind«, sagt der Lehrer. »Wir haben unser Licht von Jesus bekommen, so wie unsere Kerzen ihr Licht von der Osterkerze bekommen haben. Wir machen unsere Umgebung hell. Wir geben den Menschen rund um uns Licht und Wärme, wenn wir freundlich, gut und hilfsbereit sind.«
»Leider sind wir das nicht immer«, sagt Rudi.
»Wann geben wir kein Licht und keine Wärme mehr?«, fragt der Lehrer.
»Wenn wir bös waren«, sagt Susi.
»Wann waren wir denn – bös?« fragt der Lehrer.
»Na – wenn wir gestritten haben zum Beispiel«, sagt Max.
»Hm«, sagt der Lehrer. »Streiten ist manchmal gut und notwendig.«
»Ja, aber gestern hab ich mit meinem kleinen Bruder gestritten, weil er das größte Stück Kirschenkuchen erwischt hat«, sagt Max. »Ich hab ihm sein Stück vermiest; sind eh lauter Wurmkirschen, hab ich gesagt. Da hat's ihm dann gegraust, und er wollt's nicht essen und hat's mir gegeben. Das war bös, nicht?«
»Ja«, sagt der Lehrer. Er beugt sich vor und bläst eine Kerze aus. Max erschrickt. »War das meine Kerze?«
»Das war deine Kerze«, sagt der Lehrer. Eine Weile sitzen sie ganz still, dann sagt Kathi: »Ich hab am Sonntag meinen Vati gekränkt. Er wollte mit mir spazieren gehen, denn allein macht's ihm keinen Spaß. Aber ich habe gesagt: Geh allein, ich lese Comics, das ist lustiger als so ein blöder Spaziergang ...«
Der Lehrer bläst die nächste Kerze aus.
»Ich glaub, ich hab die Kathi geärgert«, sagt Jakob. »Ich hab schon gewusst, sie will meine neuen Filzstifte ausborgen, aber ich hab gewartet, bis sie darum bittet. Ich hab sie fest bitten lassen ...«
»Oh«, sagt Kathi schnell. »Das stimmt, dass ich mich darüber geärgert habe. Aber nicht so arg, dass du jetzt deine Kerze –«
Aber der Lehrer hat die Kerze schon ausgeblasen. Jedes Kind kommt an die Reihe. Jedem Kind fällt ein, was es lieber nicht hätte tun sollen. Manchem fällt auch ein, was es hätte tun müssen. Eine Kerze nach der anderen wird ausgeblasen. Zuletzt brennt nur noch eine kleine Kerze.
»Fehlt einer oder hab ich mich verzählt?«, fragt der Lehrer.
»Es ist Ihre Kerze«, sagt Jakob. »Jetzt sind Sie dran!«

Der Lehrer denkt nach.
»Vielleicht wisst ihr etwas, womit ich euch gekränkt habe«, sagt er dann.
»Sie haben uns schon sechsmal versprochen, das Buch von David und Goliat mitzubringen«, sagt Kathi. »Aber Sie haben's jedes Mal vergessen.«
»Hm«, sagt der Lehrer. »Aber wenn einer von euch etwas sechsmal vergisst, werd ich ganz schön grantig! Blast die Kerze aus!«
Die Kinder blasen die letzte Kerze aus. Nur noch die Osterkerze brennt.
»Schade«, brummt Rudi. »Jetzt ist es ziemlich dunkel hier und kälter als zuerst.«
»Was tun wir jetzt?«, fragt der Lehrer.
Die Kinder schweigen.
»Wir brauchen neues Licht für unsere Kerzen«, sagt der Lehrer. »Zum Glück brennt die Osterkerze. Ein Mensch, dem seine Schuld leid tut, der sie bekennt und dafür um Verzeihung bittet, kann seine Kerze wieder anzünden. Im Sakrament der Buße, bei der Beichte, bekommen wir von Gott neues Licht – so wie wir jetzt unsere Kerzen an der Osterkerze neu anzünden dürfen.«
Die Kinder zünden ihre Kerzen an der großen Kerze an und machen eine kleine Lichterprozession durch die Kirche.
»Ich glaub, meine Liste mit den 59 Sünden ist Blödsinn«, sagt Max zum Lehrer. »Ich werde bei der Beichte lieber sagen, was mir leid tut ...«

*Lene Mayer-Skumanz*



## 7. Glaubensbekenntnis

Wir glauben an den einen Herrn Jesus Christus,
Gottes eingeborenen Sohn,
aus dem Vater geboren vor aller Zeit:
Gott von Gott, Licht vom Lichte,
wahrer Gott vom wahren Gott,
gezeugt, nicht geschaffen,
eines Wesens mit dem Vater.

# Lieder/Tanz und Musik

## *1. Gäbe es kein Licht*

T: Rolf Krenzer M: Detlev Jöcker
Aus: Licht auf meinem Weg


**Tanzbeschreibung:**

Schrittfolge: langsame halbe Noten
In der Kreismitte steht eine brennende Kerze. Alle stehen auf der Kreisbahn, der Mitte zugewandt, und halten sich an den Händen.

| | |
|---|---|
| Takt 1–2: | Vier Schritte in die Kreismitte gehen, dabei die Arme heben (rechts beginnt). |
| Takt 3–4: | Vier Schritte zurück, dabei die Arme senken. |
| Takt 5–8: | Acht Schritte auf der Kreisbahn. |
| Takt 9–12: | Wie 1–4, ohne die Arme zu heben. |
| Takt 13–14: | Langsam die Hände heben. |

## 2. *Licht auf meinem Weg*

T: Rolf Krenzer M: Detlev Jöcker
Aus: Laternentanz und Lichterglanz


**Tanzbeschreibung (Kanontanz):**

Alle stehen in zwei (oder vier) Kreisen auf der Kreisbahn.

Takt 1–2: Acht Schritte rechts herum (rechts beginnt): rechts seit, links kreuzt vorne, rechts seit, links kreuzt hinten, rechts seit, links kreuzt vorne, rechts seit, links tippt neben rechten Fuß auf.

Takt 3–4: Acht Schritte links herum (links beginnt): links seit, rechts kreuzt vorne, links seit, rechts kreuzt hinten, links seit, rechts kreuzt vorne, links seit, rechts neben links stellen.

Takt 5–6: Jeder hebt die Arme und dreht sich acht Schritte rechts herum um sich selber.

Takt 7–8: Jeder dreht sich links herum, senkt die Arme und alle stehen zum Schluss wieder in zwei Kreisen.

Diesen Tanz zunächst einstimmig, dann zwei- oder vierstimmig tanzen.

## 3. *Wenn du uns leuchtest*

2. Hoch wie die Berge in der Unendlichkeit
ragt dein Erbarmen, deine Gerechtigkeit.

3. Herr, deine Weisheit ist tiefer als das Meer.
Menschen und Tieren bist du ein guter Herr.

4. Gott, deine Liebe ist unvergleichlich schön.
Du gibst uns Schutz, und so kann uns nichts geschehn.

5. Du machst uns satt, und dein Tisch ist stets gedeckt.
Gott, deine Güte wie frisches Wasser schmeckt.

6. Herr, bleibe bei uns und verlass uns nicht!
Wenn du uns leuchtest, leben wir im Licht.

T: Rolf Krenzer M: Detlev Jöcker
Aus: Licht auf meinem Weg

**Tanz- und Spielanleitung:**

1. Teil (in jeder Strophe gleich):

| | |
|---|---|
| Takt 1: | Arme ausbreiten. |
| Takt 2: | Um sich selber drehen (rechts herum). |
| Takt 3: | Arme senken, Hände offen vor sich halten. |
| Takt 4: | Um sich selber drehen (links herum). |

2. Teil:

| | |
|---|---|
| 1. Strophe: | Stehen, sich ganz hochstrecken und zeigen, wie weit die Wolken ziehen. |
| 2. Strophe: | Die hohen Berge zeigen. |
| 3. Strophe: | In die Hocke gehen. |
| 4. Strophe: | Die Hände schützend über die Nachbarn halten. |
| 5. Strophe: | Die Hände offen wie eine Schale vor sich halten. |
| 6. Strophe: | Einander um die Schultern fassen (letzte Zeilen wie Takt 1 + 2 des 1. Teiles). |

## *4. Du höchstes Licht*

Gotteslob Nr. 557.

**Tanzbeschreibung:**

Aufstellung im Kreis, jeder hat eine brennende Kerze mit Tropfschutz in der Hand.

| | |
|---|---|
| 1. Zeile: | Alle halten das Licht ganz hoch. |
| 2. Zeile: | Alle gehen zur Mitte, senken dabei das Licht. |
| 3. Zeile: | Alle drehen sich und tragen das Licht nach außen. |
| 4. Zeile: | Alle gehen auf der Kreisbahn rechts herum und halten die Kerzen rechts nach außen. |

Diese Abfolge wiederholt sich in jeder Strophe.

## *5. Gottes Wort ist wie Licht*

M: trad. aus Israel

**Tanzbeschreibung:**

Alle stehen auf der Kreisbahn, der Mitte zugewandt, die Hände durchgefasst. Der Tanz beginnt auf 1 im ersten Takt.

| | |
|---|---|
| Takt 1: | Zwei Schritte rechts, links vorwärts, zwei Schritte rechts vorwärts, links zurück wiegen. Beim Vorwärtsschreiten Hände heben. |
| Takt 2: | Rechts aufsetzen und linkes Bein anstellen. |
| Takt 3–4: | Wie 1 und 2, nur rückwärts und Hände senken. |
| Takt 5: | Zwei kleine Schritte rechts – links zurück und rechts – links wiegen. |
| Takt 6: | Zwei kleine Schritte vor, dann stehen. |
| Takt 7: | Arme heben. |
| Takt 8: | Arme senken. |

## *6. Mache dich auf und werde licht*

T: Jes 60,1 M: Kommunität Gnadenthal


**Tanzbeschreibung (Kanontanz):**

Alle stehen in zwei bis vier Kreisen im Raum verteilt.

Takt 1–2: Acht Schritte rechts herum (rechts beginnt): rechts seit, links kreuzt vorne, rechts seit, links kreuzt hinten, rechts seit, links kreuzt vorne, rechts seit, links tippt neben rechten Fuß auf.
Takt 3–4: Acht Schritte links herum (links beginnt): links seit, rechts kreuzt vorne, links seit, rechts kreuzt hinten, links seit, rechts kreuzt vorne, links seit, rechts neben links stellen.
Takt 5: Vier kleine Schritte in die Mitte – rechts beginnt, vierter Schritt links tippt.
Takt 6: Vier kleine Schritte zurück, links beginnt.
Takt 7–8: Langsam die Arme heben.

Diesen Tanz zunächst einstimmig, dann zwei- oder vierstimmig tanzen.

## *7. Adventlied*

2. Wir machen uns bereit
   jetzt für die Weihnachtszeit,
   als Gottes Sohn zur Welt gebracht
   in einer dunklen Nacht.
   Wir machen uns bereit.
   Wir machen uns bereit.

3. Da kam das Licht herein
   zu uns mit seinem Schein.
   Wir freun uns, wenn die Kerze brennt,
   und feiern den Advent.
   Wir feiern den Advent.
   Wir feiern den Advent.

Text: Rolf Krenzer

Musik: Ludger Edelkötter

**Tanzbeschreibung:**

Alle stehen im Kreis um ein Adventsgesteck oder einen Adventskranz herum, die Hände durchgefasst.

| | |
|---|---|
| Takt 1–5: | »Wenn unsre ...« Seitgalopp rechts herum. |
| Takt 6–7: | »Es sagt das Licht ...« Auf die Mitte zeigen. |
| Takt 8–9: | Arme heben. |
| Takt 10 bis Ende: | Seitgalopp links herum. |

## *8. Wir sagen euch an*

Gotteslob Nr. 115.

**Tanzbeschreibung:**

Alle stehen im Kreis, die Hände durchgefasst.

| | | |
|---|---|---|
| 1. Str.: | 1. Teil: | Alle gehen rechts herum. |
| | 2. Teil: | Alle gehen links herum. |
| Refrain: | | »Freut euch ...« Um sich selbst drehen, dabei die Arme heben. »Schon ist ...« Hände durchfassen, Arme heben. |
| 2. Str.: | 1. Teil: | Wie oben. |
| | 2. Teil: | Um die Schultern fassen. |
| Refrain: | | Wie oben. |
| 3. Str.: | 1. Teil: | Wie oben. |
| | 2. Teil: | Nach außen drehen, Arme nach vorne strecken, vier Schritte langsam nach außen gehen. |
| Refrain: | | Wie oben. |
| 4. Str.: | 1. Teil: | Wie oben. |
| | 2. Teil: | Hände öffnen, Arme seitlich halten (Orantehaltung), am Ende Hände heben. |

## *9. Morgenglanz der Ewigkeit*

Gotteslob Nr. 668.

## *10. Bevor des Tages Licht vergeht*

Gotteslob Nr. 696.

## *11. Tanz mit Laternen*

**Musik:** Andante aus: Antonio Vivaldi, Gitarrenkonzert D-Dur

Alle tragen selbst gebastelte Laternen an Stäben in der rechten Hand. Die Tänzer stehen auf der Kreisbahn (paarweise zugeordnet, nebeneinander).

- Zur Musik bewegen alle ihre Laternen aufwärts, abwärts.
- Sie drehen sich um sich selber.
- Sie gehen zur Mitte, heben die Laternen und gehen wieder zurück.
- Sie geben sich paarweise die linke Hand, heben und senken die Laternen und drehen sich so als Paar.
- Sie schreiten paarweise im Kreis. Der/die innere Tänzer/in nimmt die Laterne jetzt in die linke Hand.
- Diese Abfolge wiederholt sich.

## *12. Verklanglichung: Licht und Dunkelheit*

In der Mitte des Raumes stehen/liegen viele verschiedene Orffinstrumente. Ein schwarzes Tuch wird in die Mitte gelegt.
Alle Teilnehmer/innen werden aufgefordert, sich aus der Mitte ein Instrument zu suchen und auszuprobieren, welche Klänge die Dunkelheit zum Ausdruck bringen können.
Wenn jeder für sich etwas gefunden hat, setzen sich alle in den Kreis.
Ein Instrument beginnt nun, die Dunkelheit zu spielen. Die anderen Instrumente stimmen ein.
Jetzt wird ein strahlend gelbes Tuch über das schwarze gedeckt.
Jetzt sind alle aufgefordert, ein Instrument zu suchen, das das Licht zum Klingen bringt. Dann wird so verfahren wie im ersten Teil.

## *13. Verklanglichung: Gen 1,1–15*

| **Text:** | **Verklanglichung:** |
| --- | --- |
| »Die Erde aber war wüst und wirr ...« | *Alle Instrumente spielen durcheinander.* |
| »Finsternis ...« | *Dumpfe Klänge von Handtrommel/ tiefe Xylofonstäbe.* |
| »Der Geist Gottes ...« | *Eine Melodie auf Metallofon/Flöte o. Ä.* |
| »Es werde Licht ...« | *Beckenschlag.* |
| »und es wurde Licht ...« | *Über den dumpfen Klängen der Dunkelheit breitet sich jetzt der helle Klang von Glockenspielen und Schellen.* |

## *14. Verklanglichung: Die vier Lichter des Hirten Simon*

Jede Person und jedes Tier in der Geschichte (S. 17) bekommt ein Instrument zugeordnet. Für die Hauptpersonen Simon und das Lämmchen ist es schön, je eine eigene Melodie zu erfinden, die immer dann gespielt wird, wenn Simon oder das Lämmchen etwas tun.
Auch für den Moment, in dem Simon das Licht weiterreicht, sollte immer eine einprägsame Melodie ertönen (es reichen 5 Töne dafür). Die unterschiedlichen Stimmungen der einzelnen Szenen werden auch mit unterschiedlichen Instrumenten ausgedrückt.
Nachdem man sorgfältig die Geschichte und die entsprechenden Instrumente miteinander erarbeitet hat, kann die Geschichte vorgelesen und dazu gespielt und verklanglicht werden.

## *15. O Licht der wunderbaren Nacht*

Gotteslob Nr. 208.

## *16. Wir spielen das wachsende Licht*

| **Text:** | **Verklanglichung:** |
|---|---|
| Es ist dunkel im Raum, ein Adventskranz steht in der Mitte. | *Wir spielen die Dunkelheit mit dumpfen Tönen.* |
| Die erste Kerze wird entzündet. | *Der Ton einer (kleinen) Triangel ertönt.* |
| Die zweite Kerze wird entzündet. | *Eine kleine Zimbel erklingt dazu.* |
| Die dritte Kerze wird entzündet. | *Ein Glockenkranz kommt dazu.* |
| Die vierte Kerze wird entzündet. | *Leise Töne auf einem Sopran-Glockenspiel.* |
| Die Lichter des Weihnachtsbaumes erstrahlen. | *Ein Beckenschlag ertönt und alle anderen hellen Instrumente dazu.* |

(Die Vorstellung kann auch real vollzogen werden, etwa zu Beginn eines Gottesdienstes am Heiligen Abend.)

Variation 1: Man beschränkt sich auf die Lichter des Adventskranzes. Die Lichter werden nach und nach entzündet. Wenn alle Kerzen brennen, spielen die Instrumente langsam weiter.
Jetzt wird die Geschichte »Die vier Kerzen« (S. 14) vorgelesen. Immer, wenn eine Kerze verlöscht, hört das entsprechende Instrument auf zu spielen. Dann werden die Kerzen wie in der Geschichte wieder angezündet und dazu verklanglicht.

Variation 2: Ähnlich kann auch gespielt werden: Licht breitet sich aus, es wird immer heller und heller, bis alles strahlt. Dieses Spiel kann auch unabhängig von Advent und Weihnachten gespielt werden.

## Bilder

- Fotos von verschiedenartigen Lichtreflexen (Sonnenuntergang/Morgen- und Abendrot/Spiele von Licht und Schatten)
- Fotos von verschiedenartigen Lichtquellen (Kerze/elektrisches Licht/Laternen usw.)
- Thomas Zacharias: Gott erschafft die Welt (Linolschnitt)
- Thomas Zacharias: Schöpfung (Holzschnitt)
- Rembrandt: Anbetung der Hirten
- Walter Habdank: Simeon (Holzschnitt)
- Thomas Zacharias: Inkarnation (Holzschnitt)
- Ernst Alt: Der wiedergefundene Vater
- Rembrandt: Christus in Emmaus
- Relindis Agethen: Neue Zeit

## Gestalten/Malen/Basteln

### *1. Gestaltung der Mitte*

- ein dunkles Tuch in die Mitte legen
- ein helles Tuch in die Mitte legen
- nebeneinander oder verschlungen ein schwarzes und ein gelbes Tuch legen
- in einem dunklen oder verdunkelten Raum eine Kerze in die Mitte stellen
- eine Kerze auf ein dunkles Tuch stellen
- eine selbst gebastelte Laterne
- eine Kerze, die im Zentrum eines dunklen Kreuzes steht, das aus Tonpapier oder Tüchern in der Mitte ausgelegt ist (= Tod und Auferstehung)

## 2. *Bilder malen*

**Material:**

Farben, Stifte, Papier aller Art

Folgende Geschichten und Themen eignen sich zum Malen:
- Gen 1,1–5: Finsternis und Licht
- Jes 9,1: Das Volk, das im Dunkeln lebt, sieht ein helles Licht
- Apg 9,1–9: Die Bekehrung des Paulus

## 3. *Licht malen in konzentrischen Kreisen*

Jede/r malt auf ein weißes Blatt ineinandergelagerte Kreise, die immer größer werden. Die so entstandenen Ringe werden nun von außen nach innen (in einem zweiten Durchgang evtl. auch von innen nach außen) mit einer Grundfarbe (Wasserfarben/Buntstifte/Bleistift) farblich abgestuft, sodass die Kreise nach innen hin immer heller werden. Der Innenkreis bleibt weiß (bei dem zweiten Durchgang bleibt der Außenkreis weiß).
Bei Verwendung von Wasserfarben geschieht die Aufhellung entweder durch eine verstärkte Beimischung von Deckweiß oder eine immer stärkere Verdünnung der Farbe mit Wasser.
Bei Verwendung von Buntstiften oder auch Bleistift geschieht die Aufhellung durch immer schwächer werdenden Druck beim Zeichnen.

## 4. *Bilder nachmalen*

**Material:**

Farben, Stifte, Papier aller Art

Für die Erschließung eines Bildes kann es auch hilfreich sein, dieses Bild in seinen Grundzügen nachzumalen. Dazu eignen sich folgende Bilder gut:
- Fotos
- Thomas Zacharias: Schöpfung
- Thomas Zacharias: Inkarnation
- Benedikt W. Traut: Ostern – befreit zu neuem Anfang
- Relindis Agethen: Neue Zeit

## 5. *Rußbilder: Wir malen sich ausbreitendes Licht*

Zu den Jesusworten »Ich bin das Licht der Welt« (Joh 8,12) und »Ihr seid das Licht der Welt« (Mt 5,14), die gemeinsam erschlossen worden sind, wird eine Bildergeschichte aus Rußbildern gestaltet mit dem Thema: »Wir malen das Licht, das sich ausbreitet«.

**Material:**

Diadeckgläser, eine Haushaltskerze, Zahnstocher oder Stecknadeln, Projektor

**Methode:**

Ein Diadeckglas wird so lange über die Kerzenflamme gehalten, bis eine Seite schwarz berußt ist (evtl. auch mit Holzwäscheklammer darüber halten). Dann wird mit einem Zahnstocher, einer Stecknadel oder einem anderen spitzen Gegenstand das gewählte Motiv in den Ruß geritzt. Wenn ein Bild gelungen ist, wird es mit einem weiteren Diadeckglas geschützt, und beide werden durch einen Klebestreifen am Rand zusammengehalten. Jetzt kann das Rußbild durch einen Diaprojektor betrachtet werden.

## 6. *Reißbild zum Lied: Gäbe es kein Licht (Gemeinschaftsbild)*

**Material:**

Zeitungen, Klebstoff, buntes Tonpapier, ein großer Bogen Papier

**Methode:**

Das Lied »Gäbe es kein Licht« (S. 23) singen. Gemeinsam wird zusammengetragen, was es ohne Licht nicht gäbe (Sonne/Mond/Sterne/Blumen/Bäume/Menschen/Tiere). Diese Dinge werden aus Zeitungspapier ausgerissen und auf den großen Bogen Papier gelegt.
Die Buchstaben des Wortes »Danke« werden aus Tonpapier ausgeschnitten und dazugelegt.
Jetzt werden Dinge und Buchstaben so angeordnet, dass insgesamt ein schönes Bild entsteht.

## *7. Stoffcollage: Die törichten und die klugen Jungfrauen (Mt 25,1–13)*

**Material:**

Stoffreste/Filzreste/Wollreste, Untergrund (grobes Leinen), Nadeln, Faden, Klebstoff

**Methode:**

Nach der Erarbeitung des Textes wird überlegt, wie der Unterschied zwischen den törichten und den klugen Mädchen mit den vorhandenen Stoffen und dem Material dargestellt werden kann. Dann werden die Stoffstücke entsprechend zugeschnitten und auf den Leinenuntergrund genäht oder geklebt.

## *8. Collage: Völker wandern zu deinem Licht (Jes 60,1–5)*

**Material:**

Illustrierte, Tonpapier, Stifte, großes Papier als Untergrund (auch schwarzes Tonpapier), Klebstoff, Scheren

**Methode:**

Nach der Erarbeitung des Textes werden aus Zeitungen/Illustrierten die verschiedenartigsten Menschen ausgeschnitten, die alle einem Licht zugeordnet, auf das Bild gelegt und später geklebt werden. Gemeinsam überlegen: Wie soll das Licht dargestellt werden?

## *9. Collage: Menschen leben in der Dunkelheit – Menschen leben im Licht*

**Material:**

Illustrierte/Zeitungen, Tonpapier, Stifte, großes Papier als Untergrund (auch schwarzes Tonpapier), Klebstoff, Scheren

**Methode:**

Gemeinsam wird überlegt, wo und wie es aussehen kann, wenn Menschen in Dunkelheit bzw. im Licht leben. Dazu werden dann Situationen oder Schlagzeilen/Worte aus Zeitungen ausgeschnitten und auf dem Plakat gestaltet. Die Anordnung ist von Bedeutung. Die entscheidende Frage lautet hier: Trennen wir die beiden Bereiche? Lassen wir sie ineinanderfließen oder werden sie überhaupt nicht getrennt? Was hat das jeweils für eine Aussage?

## *10. Kerzen gießen*

**Material:**

Wachsreste, Gefäße/Formen, alter Topf, Stricknadel, Kerzendocht

**Methode:**

Alte Kerzenreste werden nach Farben sortiert und langsam in einem alten Topf zum Schmelzen gebracht. In eine Flasche (Glas/Gefäß) wird ein Docht gehängt, der oben an einer Stricknadel (Schaschlikspieß) befestigt ist, die über dem Gefäß liegt. Das flüssige Wachs wird dann in die Formen gegossen. Wenn das Wachs erkaltet ist, wird das Glas entfernt bzw. die fertige Kerze aus dem Gefäß gelöst.

## *11. Kerzen verzieren*

**Material:**

Stumpenkerzen, Zierwachs (Wachsplatten) in verschiedenen Farben, kleines Messerchen

**Methode:**

Aus den farbigen Wachsplatten werden die gewünschten Motive herausgeschnitten oder aus geknetetem Zierwachs geformt.
Wenn man die fertigen Motive kurz über eine kleine Flamme hält, kann man sie gut an der Stumpenkerze befestigen.
Die Motive auf der Kerze richten sich nach dem jeweiligen Anlass. Möglichkeiten sind z. B. Taufkerze/Kommunionkerze/Hochzeitskerze/Weihnachtskerze/Osterkerze/Jesuskerze ...

## *12. Kerzenständer herstellen*

Kerzenständer lassen sich auf unterschiedlichste Weise herstellen. Der Fantasie sind da keine Grenzen gesetzt. Hier einige Beispiele:

- Kerzenständer aus *Fotokarton* (Fotokarton wird in eine bestimmte Form geschnitten, und darauf wird ein Teelicht geklebt. Verziert werden kann der Untergrund auch noch mit buntem Tonpapier.)
- Kerzenständer aus *Bierdeckeln* (Ein Bierdeckel wird bunt beklebt. Darauf wird ein Teelicht geklebt.)
- Kerzenständer aus *Goldpapier* (Kerzenständer werden aus Goldpapier gebastelt.)
- Kerzenständer aus *Holz* (Ein Kerzenständer wird aus einem Holz geschnitzt.)
- Kerzenständer aus *Ton/Knetmasse* (Kerzenständer werden aus Ton/Knetmasse geformt.)

## *13. Adventskranz binden*

Gemeinsam wird ein Adventskranz oder ein Adventsgesteck gebunden bzw. hergestellt.

## *14. Transparentbilder basteln*

**Material:**

schwarzes Tonpapier, buntes Transparentpapier, Stift, Schere, Klebstoff

**Methode:**

Ein Motiv wird entworfen und so auf das Tonpapier übertragen, dass Stege stehen bleiben, auf denen man das bunte Transparentpapier befestigen kann. Motive können dafür aus geeigneten Geschichten und Liedern gesucht werden. Die Transparentbilder können dann vor eine Lichtquelle gestellt oder ins Fenster gehängt werden.

## 15. Laternen basteln

Laternen lassen sich auf unterschiedlichste Weise herstellen als Laterne zum Martinszug (am Stock) oder als Tischlaterne:

- viereckig oder rund aus Tonpapier und Transparentpapier
- viereckig oder dreieckig aus Sperrholz
- aus Runkelrüben usw.

## 16. Lichterkreuz gestalten zum Lied: Du höchstes Licht

Als sichtbares Bild der Aussage Jesu: »Ich bin das Licht der Welt« wird aus vielen kleinen Kerzen (Teelichtern) in der Mitte ein großes Kreuz gestaltet. Der Untergrund ist dunkel. Zu dem Lichterkreuz können Fotos gelegt werden von der Welt, so wie sie sich uns heute zeigt. Das Lied (Gotteslob Nr. 557) kann zu Beginn und zum Schluss dazu gesungen werden.

## 17. Die Osterkerze als Mitte gestalten

Eine Osterkerze steht in der Mitte. Sie bildet den Mittelpunkt eines Bildes, das jetzt von allen gelegt wird. Jede/r ist aufgefordert, aus den Materialien, die zur Verfügung stehen, um die Osterkerze herum ein Bild zu legen, das Aussagen von Ostern beinhaltet.
Mögliche Materialien sind: Tücher/Hölzer/Tuchstreifen/Ringe/ Steine/Schachteln/Perlen und Kugeln usw.

## 18. Bilder nachlegen

Bilder, die eine deutliche Struktur haben, lassen sich auch mit farbigen Tüchern oder Tonpapier nachlegen. Hierfür eignen sich in diesem Zusammenhang:

- durchscheinendes Licht/Foto
- Thomas Zacharias: Schöpfung
- Thomas Zacharias: Inkarnation
- Benedikt W. Traut: Ostern – Befreit zu neuem Anfang

## Stilleübungen

*L = Leiter/in; TN = Teilnehmer/in. Jede freie Zeile im Sprechtext bedeutet eine längere Sprechpause.*

### *1. Wir entdecken Licht*

*In der Kreismitte steht eine brennende Kerze. Jede/r TN hat vor sich eine kleine Kerze (Teelicht) stehen, die noch nicht angezündet ist.*

*L spricht:*
Wir wollen jetzt ganz ruhig werden und in die Mitte auf die brennende Kerze schauen.
Sie spendet Licht.
Sie macht unseren Raum hell.
Ich möchte euch/Sie jetzt einladen, nacheinander die kleinen Kerzen an der großen Kerze in der Mitte zu entzünden.
Wem jemand auf seinen Platz zurückgekehrt ist, geht erst der nächste.

Jetzt hat jeder und jede von uns eine kleine Kerze vor sich stehen.
Wir schauen nun auf unsere Kerze.
Wir nähern unsere Hände der kleinen Flamme.
Wir spüren die Wärme und lassen sie durch unsere Hände dringen.
Aber Vorsicht! Nicht zu nah! Man kann sich auch verbrennen!

Wir haben Licht und Wärme in uns aufgenommen.
Wir entspannen uns.

*Diese Übung ist auch denkbar mit nur einer Kerze. Die TN werden dann aufgefordert, einzeln zur Kerze in der Mitte zu gehen und die Wärme der Flamme zu spüren.*

## 2. *Erfahrung von Dunkel und Licht*

*Alle sitzen im Kreis. In der Mitte liegt ein dunkles Tuch.*

*L spricht:*
Das Tuch in der Mitte ist schwarz.
Es ist dunkel.
Heute wollen wir nachspüren, was Dunkelheit ist.
Wir schließen die Augen.

Noch schimmert Helligkeit durch die Augenlider.
Jetzt mache ich den Raum dunkel.

*Der Raum wird verdunkelt.*

Jetzt ist schwarze Nacht um uns.
Finsternis.

Wir lauschen in die Finsternis hinein.
Was hörst du (hören Sie)?

Wir öffnen die Augen. Es bleibt finster.
Was spürst du in dir (spüren Sie in sich)?

Suche(n Sie) die Hände deiner (Ihrer) Nachbarn.

Es ist gut, in der Finsternis nicht alleine zu sein.

Wir schließen die Augen wieder.
Ich mache den Raum wieder hell.

*Der Raum wird wieder erhellt.*

Das Licht blendet die Augen.
Gut, dass sie geschlossen sind!
Langsam gewöhnen sich die Augen an das Licht.

Wir öffnen sie wieder und betrachten unseren Raum
und alle, die sich darin befinden, mit neuen Augen.

## 3. Einen dunklen Raum mit Licht erfüllen

*Der Raum ist nach dem Eintreffen und Platznehmen der TN im Kreis verdunkelt worden. In der Mitte steht auf schwarzem Untergrund eine Kerze.*

*L spricht:*
Um uns ist es dunkel.
Wir sind einen Augenblick lang ganz still,
damit es in uns ruhig werden kann.

*Evtl. an dieser Stelle ein ruhiges Musikstück einspielen.*
*Nach einer Weile spricht L in die Musik hinein:*

Jetzt zünde ich die Kerze an,
die wir heute in die Mitte gestellt haben.
Wir schauen, wie sich das Licht ausbreitet.
Immer mehr können wir erkennen.

*Wenn das Licht der Kerze den ganzen Raum erfasst hat, kann die Geschichte »Die Halle der Welt mit Licht erfüllen« (S. 14) vorgelesen werden.*

## 4. Wir schauen auf das Licht

*In der Kreismitte steht eine brennende Kerze.*

*L spricht:*
Eine kleine Kerze erhellt unseren dunklen Raum.
Sie gibt so viel Licht von sich, dass wir erkennen können, wer neben uns sitzt.

Wir sehen die Flamme, die manchmal ruhig vor sich hinbrennt und manchmal unruhig flackert.

In unserem Leben ist es oft auch so:
Es gibt Zeiten, da fühlen wir uns ganz ruhig und ausgeglichen.
Vielleicht kannst du dich (können Sie sich) jetzt an solche Zeiten erinnern.

Dann gibt es Zeiten, die voller Unruhe und Hektik sind.
Dann erscheint unsere Umgebung auch unruhig.

Wie die Kerze Licht verbreitet, so geht auch von uns etwas aus.
Wir wollen jetzt versuchen, ganz ruhig zu werden.
Wir denken über uns nach: Was bewirkt der Schein, der von unserem Lebenslicht ausgeht?

*L spielt jetzt ein Stück leiser Musik ein.*

*Zum Abschluss können die Jesusworte vom Licht vorgelesen werden: Mt 5,14–16; Joh 8,12.*

## *5. Licht durchscheinen lassen*

*Alle sitzen im Kreis. In der Mitte steht eine Kerze. Die TN haben eine selbst gebastelte Laterne vor sich stehen. (Falls nicht so viele selbst gebastelte Laternen da sind, kann man auch eine Laterne neben die Kerze stellen.)*

*L spricht:*
Wir sehen auf die Kerze in der Mitte.
Sie spendet Licht und Wärme in dunklen Zeiten.
Die Flamme flackert.
Sie ist gefährdet durch den Wind,
durch Menschen, die das Licht lieber löschen möchten.

Wir haben das Licht geschützt.
Einen schützenden Mantel haben wir darumgebaut,
aber einen, der das Licht noch durchscheinen lässt.
Einen Mantel, der das Licht in vielen Farben widerspiegelt.

Geschütztes Licht hilft vielen Menschen:
im Schacht eines Bergwerks,
auf dunklen Wegen,
zur Beleuchtung von gefährlichen Hindernissen,
überall dort, wo Menschen Licht brauchen und ungeschützt sind.

Gott möchte, dass wir sind wie diese Laternen:
Dass wir sein Licht in vielen Farben
durchscheinen lassen, für alle Menschen, die mit uns leben,
für die ganze Schöpfung.

# Spiel und Aktion

## *1. Die vier Kerzen*

In der Mitte brennen vier Kerzen an einem Adventskranz. Die Geschichte »Die vier Kerzen« (S. 14) wird vorgelesen. Wenn die Kerzen ihre Namen nennen, kommt jemand in den Vordergrund und hält ein Plakat mit dem entsprechenden Namen hoch (Friede/Glaube/Liebe/Hoffnung). Die ersten drei Personen, die zum Kranz treten, löschen jeweils eine Kerze. Wenn eine Kerze verlöscht, wird das entsprechende Plakat gesenkt. Die vierte Person, die zum Kranz tritt, zündet die anderen drei Kerzen an der einen brennenden wieder an. Die Plakate werden wieder hochgehalten.

## *2. Die vier Lichter des Hirten Simon*

Die Kulissen werden jeweils mit bunten Tüchern gelegt. Die Spielfläche muss der Geschichte (S. 17) entsprechend eingeteilt werden oder das Bühnenbild nach und nach geändert werden. Auch die Kostüme der handelnden Personen können aus bunten Tüchern hergestellt werden.
Zur Geschichte, die vorgelesen wird, wird pantomimisch gespielt.
Es kann auch eine Verklanglichung einbezogen werden (S. 33).

## *3. Osterspiel mit Kerzen*

*Auf dem Tisch steht eine einzige brennende Kerze.*

| | |
|---|---|
| Erster Sprecher: | Gott schickte Jesus nach Jerusalem. |
| Zweiter Sprecher: | Er ritt auf einem Esel in die Stadt, und viele Menschen riefen ihm zu: |
| Alle: | Du bist unser König! Du bist unser König! Gott hat dich geschickt! |
| Dritter Sprecher: | Jesus aß und trank mit seinen Freunden. Er sagte aber auch: |
| Vierter Sprecher: | Ich werde bald sterben müssen. Einer von euch wird mich verraten. |
| Alle: | Ich nicht! Ich nicht! Nein, ich nicht! |
| Fünfter Sprecher: | In der Nacht betete Jesus zu Gott! |

Vierter Sprecher: Vater! Was du willst, soll geschehen.

Sechster Sprecher: In der Nacht nahmen die Soldaten Jesus gefangen. Seine Freunde liefen davon. Sie hatten Angst.

Alle: Ich kenne diesen Jesus nicht. Nein, wir kennen diesen Jesus nicht.

Siebter Sprecher: Sie quälten Jesus. Sie schlugen ihn.

Achter Sprecher: Sie stellten ihn neben einen Verbrecher. Dann fragten sie:

Neunter Sprecher: Sollen wir diesen Jesus freilassen? Da riefen die Leute:

Alle: Ans Kreuz mit ihm! Ans Kreuz mit ihm!

Zehnter Sprecher: Sie hängten Jesus an das Kreuz.

Elfter Sprecher: Sie hängten Gottes Sohn an das Kreuz.

Vierter Sprecher: Vater, vergib ihnen! Sie wissen nicht, was sie tun.

Zwölfter Sprecher: So starb Jesus am Kreuz.

*Einer geht ganz langsam zum Tisch und bläst die Kerze aus. Alle sitzen ganz still. Ein Kind geht zum Tisch und zündet die Kerze wieder an, sodass sie hell strahlt.*

Es sagt: Freut euch mit mir!
Jesus lebt! Er hat den Tod besiegt!

*Jetzt geht jeder zum Tisch und erhält dort eine Kerze, die er an der bereits brennenden Kerze entzündet. Es werden immer mehr Kerzen. Zum Schluss sagt der Spielleiter: Jetzt können wir fröhlich Ostern feiern. Die Kinder gehen aufeinander zu, geben sich die Hände und wünschen sich frohe Ostern.*

*Rolf Krenzer*

### 4. Licht einer Kerze entdecken

Alle sitzen im Kreis. In der Mitte steht eine brennende Kerze. Zu leiser Musik beobachten die Teilnehmer/innen die Kerzenflamme, ihre Form und Farbe, Bewegung. Sie gehen einzeln zur Kerze und spüren ihre Wärme. Sie tauschen ihre Beobachtungen aus.

### 5. Assoziationsspiel Licht

Eine brennende Kerze steht in der Mitte. Alle Teilnehmer/innen nennen spontan, was ihnen beim Licht der Kerze einfällt. Man kann die Kerze auch auf einen großen Bogen Papier stellen und die Teilnehmer/innen auffordern, ihre spontanen Assoziationen auf die Tapete um die Kerze herum zu schreiben.

### 6. Licht und Schatten in Gebäuden beobachten

- Mehrere Gebäude werden besichtigt (z. B. Kirchen unterschiedlicher Epochen) und auf den Lichteinfall hin beobachtet. Woher kommt das Licht? Wie wirkt in dem entsprechenden Raum das Spiel von Licht und Schatten?
- Eine Kirche wird unter der gleichen Beobachtungsaufgabe zu unterschiedlichen Tages- und Jahreszeiten beobachtet.

### 7. Lichtquellen

Verschiedene Lichtquellen (Kerze/Neonlicht/Schreibtischlampe/Diaprojektorlicht/Scheinwerfer/Taschenlampe) werden auf ihr unterschiedliches Licht hin geprüft. Wenn man einen Gegenstand in die Lichtquelle stellt, wie sieht der Schatten aus? Die unterschiedlichen Lichtquellen werden beschrieben.

### 8. Experiment: Licht unter einen Eimer stellen

Entsprechend dem Bibeltext vom Licht unter dem Gefäß (Mt 5,14–16) wird das Experiment durchgeführt: Was passiert, wenn ich ein Gefäß (Blechtopf oder Eimer) über eine brennende Kerze stülpe?

## *9. Licht und Dunkel*

- Wir betreten einen ganz verdunkelten Raum mit einer brennenden Kerze. Was beobachten wir? Was geschieht, wenn jeder dann nach und nach eine weitere Kerze anzündet? Wir stellen alle Kerzen in die Mitte und schauen uns den Raum an, wie die flackernden Kerzen Licht und Schatten werfen.
- Wir treten aus einem verdunkelten Raum plötzlich ins Freie. Dort scheint die Mittagssonne. Was geschieht?

## *10. Laternenumzug am Martinstag*

Am Martinstag, dem 11. November, machen wir mit unseren selbst gebastelten Laternen einen Laternenumzug durch die Straßen unseres Ortes. So bringen wir Licht in die Welt, wie es der heilige Martin getan hat.

## *11. Zu Liedern Adventskerzen anzünden*

Entsprechend den Strophen eines Liedes (z. B. »Wir sagen euch an«) werden die Kerzen am Adventskranz angezündet.

## *12. Licht in die Einsamkeit bringen*

Wir gestalten eine Advents-/Weihnachtskerze und schenken sie einsamen, alten, kranken Menschen oder anderen Menschen in Not. Wir verbinden das mit einem längeren Besuch und bringen so etwas Licht in das Leben anderer Menschen.

## *13. Das Adventslicht durch die Gemeinde tragen*

Wir binden einen Adventskranz und lassen ihn am ersten Advent im Gottesdienst segnen. Dann wird er an jedem Tag des Advents von einem Haus zum anderen getragen. Die Menschen, die sich dabei begegnen, lernen sich kennen, reden miteinander und machen in einem kurzen Gebet, Lied oder einer Geschichte deutlich, dass wir gemeinsam auf die Ankunft Jesu warten.

(Es empfiehlt sich, am Sonntag vor dem Advent eine Liste mit allen Adventstagen in der Kirche bereitzulegen, damit sich alle eintragen können, wann sie den Kranz gebracht haben möchten.)
Der Adventskranz wird an Weihnachten (in der Krippenfeier für Kinder oder der Christmette) wieder zurück in die Kirche gebracht.

## 14. Licht der Osternacht nach Hause tragen

Wir versuchen, das Licht der Osternacht behutsam nach Hause zu tragen, sodass es nicht verlöscht. Wir bringen das brennende Licht denen, die nicht an der Auferstehungsfeier teilnehmen konnten.

## 15. Licht von der Osterkerze

Wir lesen die Geschichte (S. 20). Wie die Kinder mit ihrem Lehrer in der Geschichte ihre Lichter anzünden und löschen, wenn sie einen Fehler bekannt haben, so kann es auch in einer kleinen Gruppe geschehen. Hinterher werden die Kerzen an der Osterkerze neu entzündet.

## 16. Tastspiele im Dunkeln

- Alle Teilnehmer/innen gehen in einem ganz verdunkelten Raum umher und versuchen dabei, sich nicht zu berühren oder anzustoßen.
- In einem Raum ist ein Parcours/ein Labyrinth aus Stühlen aufgestellt. Die Teilnehmer/innen versuchen, mit verbundenen Augen oder im verdunkelten Raum, durch das Labyrinth zu finden.
- In der Mitte eines verdunkelten Raumes liegt ein Gegenstand (mehrere Gegenstände oder es sitzt dort eine Person). Ein/e Teilnehmer/in versucht zu ertasten, wen oder was er/sie da vor sich hat.

Nach den Spielen sollten die Erfahrungen jeweils ausgetauscht werden.

## *17. Lichterstafette*

Es werden zwei Mannschaften gebildet. Jede Mannschaft erhält eine brennende Kerze. Um die Wette müssen nun die Mitspieler beider Mannschaften eine bestimmte Strecke (Wendepunkt um einen Stuhl) zurücklegen und die Kerze am Ende der Strecke an den nächsten Mitspieler weiterreichen. Das Licht darf dabei nie ausgehen. Wenn es verlöscht, muss der entsprechende Spieler die Strecke noch einmal von vorne beginnen. Das Licht darf nicht mit einer Hand geschützt werden. Die Mannschaft, die zuerst fertig ist, hat gewonnen.

## *18. Licht heranziehen*

Zwei Spieler/innen spielen um die Wette. Auf einer Streichholzschachtel wird ein Teelicht befestigt. An der Schachtel wird ein Bindfaden angebracht. Die Schachtel mit der brennenden Kerze wird in 2–3 m Entfernung der Spieler/innen aufgestellt. Die Spieler/innen halten das Ende des Fadens in der Hand. Auf ein Startzeichen hin wickeln sie den Faden auf und ziehen so die Schachtel mit der Kerze zu sich heran. Die Kerze darf dabei nicht verlöschen. Wer die Schachtel zuerst über die Zielgerade gezogen hat, ist Sieger/in.

## *19. Spiel zu Jesaja 9,1*

Die Teilnehmer/innen werden aufgefordert, die Dunkelheit, in der das Volk Israel lebt, mit dunklen Tüchern auf dem Boden darzustellen.
Sie versuchen dann, durch ihre Körperhaltungen deutlich zu machen, wie es den Menschen geht, die in diesem Land der Dunkelheit leben müssen: Kopf hängen lassen, zusammenkauern, das Gesicht verbergen.
Sie versuchen, den Menschen im Land der Dunkelheit Sprache zu geben, etwa: Ich bin allein. Ich bin traurig. Ich bin verzweifelt usw.
Jetzt wird ein gelbes Tuch über die dunklen Tücher gelegt (oder eine brennende Kerze in die Mitte gestellt). Der Text Jesaja 9,1 wird vorgelesen. Alle versuchen, ihre niedergeschlagene Haltung zu verändern in eine Haltung, die Sehnsucht und Hoffnung ausdrückt (Kopf heben, Hände ausstrecken nach dem Licht, nach oben).
Alle versuchen, ihre Sehnsüchte und Hoffnungen zu benennen.

# Sonne

## Einführung in das Symbol

Die Sonne, das ist seit Menschengedenken der Inbegriff von Leben und Macht. Die Sonne, die das Dunkel der Nacht vertreibt, die den neuen Tag ankündet. Die Sonne bestimmt den Tageslauf, sie gibt dem Menschen am unmittelbarsten ein Gefühl für die Zeit.
Die Sonne spendet Leben, ihr wenden die Pflanzen sich zu, ihr wachsen sie entgegen. Ohne Sonne kann kein Leben gedeihen. Jeder kennt wohl das Gefühl des Wohlbefindens und der Freude, wenn nach grauen Tagen oder nach einer durchwachten Nacht die ersten Sonnenstrahlen zu sehen und zu spüren sind. Sonne, das ist Energie. Die Kraft der Sonne ist die Energie des Lebens. Menschen spürten immer schon ihre wärmende, Leben spendende Kraft.
Die Sonne wurde aber auch als mächtig und groß, ja als bedrohlich empfunden. Kein Mensch kann in die pralle Sonne schauen, sie blendet und verbrennt die Augen, und sie ruft Dürre hervor.
Vielleicht ist es gerade diese Doppelseitigkeit von Leben spenden und Unnahbarkeit, die Menschen dazu veranlasst hat, die Sonne als den höchsten Gott (in der Vorstellung meist als männliche Gottheit) anzubeten und zu verehren. Ein Beispiel dafür ist der »Sonnengesang« des ägyptischen Pharao Echnaton oder auch der Sonnenkult der Inkas, die ihren obersten Herrscher als Gottheit, als »Sohn der Sonne«, verehrten und die Angehörigen ihrer Herrscherklasse in »große« und »kleine« Sonnen gliederten.
Im christlichen Umfeld ist die Sonne das österliche Symbol schlechthin. Die alte Tradition, die vielerorts wieder auflebt, lässt die österliche Auferstehungsfeier zur Zeit des Sonnenaufgangs stattfinden, wenn dann in dem Miterleben des Sonnenaufgangs bildhaft verdeutlicht wird, was wir Ostern feiern und singen: »Befreit sind wir von Angst und Not, das Leben hat besiegt den Tod, der Herr ist auferstanden!« Die Sonne als österliches Symbol wird auch dort lebendig, wo Menschen nach einem alten Brauchtum auf einem Berg »Sonnenräder« aus Stroh anzünden und brennend den Berg hinunterrollen lassen. Nicht zuletzt wird Christus selbst mit der Sonne verglichen, wenn es z. B. in einem alten Hymnus heißt:

Christus, du Sonne unsres Heils,
vertreib in uns die dunkle Nacht,
dass mit dem Licht des neuen Tags
auch unser Herz sich neu erhellt.

## Biblische Bezüge

### *1. Die Sonne als Teil der Schöpfung*

| | | | |
|---|---|---|---|
| Genesis | 1,14–19 | Psalm | 136,1–3.7–9 |
| | | | 148,1–6 |

### *2. Schönheit der Sonne*

| | | | |
|---|---|---|---|
| Psalm | 19,1–7 | Jesus Sirach | 43,1–13 |

### *3. Die Sonne als Teil einer Vision, als Zeichen*

| | | | |
|---|---|---|---|
| Jesaja | 30,26 | Lukas | 23,44–46 |
| Joël | 3,3–4 | Offenbarung | 12,1–2 |
| Markus | 13,24–27 | | |

### *4. Gott leuchtet wie die Sonne*

| | | | |
|---|---|---|---|
| Habakuk | 3,3–4 | Offenbarung | 22,3–5 |

## Geschichten/Texte

### *1. Sonne*

Du liegst im Gras.
Die Mücken summen, und eine Amsel baut in der Hecke ein Nest.
Der Himmel verschwimmt über dir.
Blau, grenzenlos, weit.
Du streckst deine Beine, deine Arme hinauf, möchtest fliegen, grenzenlos, weit.
Du weißt, dort draußen sind Sterne, Planeten, Milchstraßen, andere Sonnen.
Und da ist unsere Sonne, sie hat dir den Boden angewärmt wie ein Bett.
Du stehst auf und gehst rüber zu dem alten Bauernhaus.

Die Balken haben breite Risse.
Von Sonne und Regen, seit hundert Jahren.
Unter dem Dach kleben Schwalbennester.
Leg dein Ohr ans Scheunentor.
Du hörst die Tiere. Die Kette schlurft am Futtertrog entlang.
Gleichmäßig atmen die Tiere.
Bläulich kringelt der Rauch aus dem Schornstein, vermischt sich
und verliert sich in der unendlichen Bläue des Sommertages.
Zieh dein Hemd aus, und halte dein Gesicht unter den frischen
Wasserstrahl des Brunnens.
Zieh deine Schuhe aus und geh langsam über die warme Erde
den Feldweg entlang.
Es duftet nach Kamille und Salbei.
Bleib stehn.
Nimm ein Stück Erde auf und zerbrösel es zwischen den Händen.
Sieh dem Staub nach, den der warme Wind zwischen die reifen
Maisfelder weht.
Und jetzt mach aus deinen Armen einen großen Kreis und halt ihn
der Sonne entgegen. Mach deine Augen dabei zu,
spür bloß die Wärme.
Und atme tief den Geruch der Erde und der Maisblätter.
Bleib so lang wie möglich draußen zwischen den Feldern.
Geh erst zurück, wenn die Sonne verglüht ist und hinter
dem Wald verschwindet.
Geh zurück und erzähl, was du erlebt hast.

*Frieder Stöckle*



## 2. Wie die Sonne in das Land Malon kam

Malon heißt das Land, von dem die Geschichte erzählt. Hinter hohen Bergen liegt es versteckt. Die Sonne – sie stieg niemals über die Bergspitzen. So war es in diesem Land immer Nacht – stockfinstere Nacht.

Die Malonen – so heißen die Einwohner dieses Landes – trugen immer Windlichter mit sich herum. So hatten sie etwas Helligkeit, einen Schimmer von Licht in ihrer Finsternis. Sie waren eigen-

artige Leute, diese Malonen. Jeder von ihnen wohnte ganz allein in seinem Haus. Jedes Haus wieder war von einer hohen Mauer umgeben. Kein Malone mochte nämlich den anderen leiden. Keiner war mit dem anderen befreundet. Einer war dem anderen neidig und misstraute ihm.
Da geschah es eines Tages! Es kam ein Wanderer nach Malon, in das Land hinter den hohen Bergen. Das Gesicht des Fremden war hell und freundlich. Seine Augen leuchteten.
Die Malonen waren sehr verwundert. Keiner von ihnen konnte sich erinnern, dass jemals ein Fremder zu ihnen gekommen war. Auch der Wanderer war erstaunt über das seltsame Land, in dem der Tag so finster war wie die Nacht. »Wo ist die Sonne?«, fragte der Fremde.
»Die Sonne, was ist das? Wir haben noch nie etwas davon gehört«, antworteten ihm die Malonen. Allein ein uralter Malone erinnerte sich, vor langer Zeit etwas von der Sonne gehört zu haben, und er bat den Wanderer: »Erzähle uns etwas von der Lampe am Himmel, von der großen Himmelsleuchte.« Da begann der Wanderer zu erzählen.
»Die Sonne«, sprach er, »ist eine helle, gelbe Scheibe. Jeden Morgen steigt sie am Himmel auf. Rot leuchtet sie zuerst. Dann wird sie gelb. Wenn sie hoch am Himmel steht, strahlt sie wie Gold und schickt Licht und Wärme auf die Erde. Ihre wärmenden Strahlen wecken die Vögel in den Nestern. Singend und jubilierend begrüßen sie den neuen Tag, sein helles Licht. In der Sonne öffnen sich die Knospen der Sträucher und Bäume. Die Blüten lassen ihren süßen Duft verströmen. Die Sonne lockt das grüne Gras aus dem Boden. Die Blumen öffnen ihre Blütenkelche. Die Sonnenblume dreht ihr Gesicht dem Licht der Sonne zu. Die Jungen und Mädchen reiben sich in der Morgensonne den Schlaf aus den Augen und rufen: Heute scheint die Sonne! Gott sei Dank! Sie lassen die warmen Sonnenstrahlen auf ihre Haut scheinen. Sie werden ganz braun gebrannt im Sonnenlicht und springen voll Freude im Freien umher.«
So wusste der Wanderer wunderschöne Sonnengeschichten zu erzählen, Tag für Tag. Die Malonen horchten mit Augen und Ohren und kamen aus ihren Häusern mit den hohen Mauern hervor. Sie setzten sich rund um den Tisch, an dem der Wanderer saß, und lauschten seinen Geschichten. Ja, sie saßen bald Tag und Nacht und horchten und staunten. In ihren Herzen aber wuchs ein Verlangen. Eine große Sehnsucht wurde wach, eine Sehnsucht nach dem Licht der Sonne, nach ihrer Helligkeit und Wärme.

Eines Tages nun musste der Wanderer weiterziehen. Er war lange genug in Malon gewesen. Er sagte: »Wenn man von der Sonne erzählt, muss man sie immer wieder sehen, sonst wird ihr Bild in einem schwach. Es verblasst.« So nahm der Fremde von den Malonen Abschied und zog weiter.
Die Malonen waren sehr traurig, dass ihnen niemand mehr von der Sonne erzählte. Was sollten sie jetzt tun? Sollten sie wieder in ihre Häuser zurückkehren? Sollte jeder hinter seiner hohen Mauer verschwinden? Nein, das wollten sie nun nicht mehr. Das hätte sie wieder so einsam gemacht. Beisammensein, miteinander reden und essen, einander helfen, hatten sie erfahren, ist schöner. Auch gaben die vielen Windlichter zusammen mehr Schein als nur eins. So blieben sie zusammen und arbeiteten miteinander. Jeden Morgen aber zogen sie hinaus aus ihrer Stadt auf einen Hügel und riefen gemeinsam:

»Sonne, liebe Sonne fein,
komm mit deinem Sonnenschein,
komm in unser Haus hinein,
Sonne, liebe Sonne!«

Da geschah eines Tages das Wunder. Es wurde hell und heller. Hinter den Bergen stieg strahlend schön die Sonne empor. Rot leuchtete sie zunächst. Dann wurde sie gelb. Als sie ganz hoch am Himmel stand, glänzte sie wie pures Gold. Voll Freude riefen die Malonen: »Schaut, jetzt ist sie da! Das muss sie sein – die Sonne, das Licht, auf das wir so lange warteten.« Die Malonen streckten ihre Arme und Hände der Sonne entgegen. Sie sangen und tanzten vor Freude, da es endlich auch bei ihnen hell und warm geworden war.

*Christine Mühlberger*

## *3. Vom König, der Gott sehen wollte*

Ein König, der Gott sehen wollte, drohte allen Weisen und Priestern schwerste Strafen an, wenn es ihnen nicht gelänge, ihm Gott zu zeigen. Als alle schon verzweifelten, kam ein Hirte, der den König auf einen freien Platz führte, ihm die Sonne zeigte und sagte: »Sieh hin!« Sofort senkte der König geblendet den Kopf und rief: »Willst du, dass ich erblinde?« – »Aber König«, sagte der Hirte, »die Sonne ist doch nur ein Ding der Schöpfung, ein schwacher Abglanz seiner Größe ... Wie willst du Ihn selber aushalten können!«

*Leo N. Tolstoi*

## *4. Heilige sind Menschen, durch die die Sonne scheint*

Günter ging mit seiner Mutter einkaufen. Auf dem Weg zum Markt kamen sie an einer großen Kirche vorbei. Günter schaute an der Kirche hoch und sagte: »Mutti, guck mal, die großen Fenster sind ja ganz schön schmutzig, die sehen aber gar nicht schön aus.«
Die Mutter sagte nichts, sondern nahm Günter an der Hand und ging mit ihm in die Kirche hinein. Hier waren die Fenster, die von außen ganz grau und schmutzig aussahen, plötzlich strahlend bunt und leuchteten in den hellsten Farben. Da staunte Günter, und er schaute sich die Fenster genau an. Vorne über dem Altar war ein auffallend schönes Fenster zu sehen – mit vielen Heiligenfiguren. Und durch eine Figur strahlte gerade die Sonne hindurch, sodass sie besonders hell war. Günter fragte: »Mutti, wer ist das?«
»Da vorne«, antwortete die Mutter, »das ist ein Heiliger, der heilige Martin.« Das hatte sich Günter gut gemerkt.
Ein paar Tage später hatte die Klasse Religionsunterricht. Plötzlich fragte der Lehrer: »Wer von euch kann mir sagen, was ein Heiliger ist?« Da war großes Schweigen in der Klasse. Nur Günter zeigte auf und sagte: »Ich weiß es, ein Heiliger, das ist ein Mensch, durch den die Sonne scheint!«

*Heinrich Engel*

## 5. Sonne

Funkelnd stehst du am Himmelszelt,
verschenkst deinen Glanz an unsere Welt.
Mit deinen Strahlen erwärmst du das Feld,
das fleißig der Bauer im Herbst bestellt.
Dein sprühendes Licht lässt das Korn aufgehen:
Durch dich entsteht Leben, durch dich bleibt's bestehen.

Du gibst uns den Tag und die Ruhe der Nacht.
Du leuchtest dem Mond, der den Schlaf bewacht.
Im Dämmern schon hab ich die Vögel vernommen,
die zwitschernd verkünden dein baldiges Kommen.
Dann steigst du empor, und die Vögel singen.
Die Menschen erwachen: Der Tag wird gelingen.

Die Blumen wenden die Blüten dir zu.
Trifft sie dein Strahl, öffnen sie sich im Nu.
Die Mücken spielen im Sonnenschein.
Die Schlange sonnt sich auf dem Stein.
Alles, was lebt, wächst, Sonne, durch dich:
Du erhältst die Blume, die Mücke und mich.

Wärst, Sonne, du uns nicht von Gott gegeben,
würde sich auf der Erde kein Leben regen.
Durch Gott hast du Kraft, uns Wärme zu schenken.
Durch Gott vermagst du, die Zeiten zu lenken.

Gott ist der Schöpfer von Sonne und Licht.
Mensch, du Geschöpf, vergiss das nicht!

*Charles Singer/Deutsch von Heidi Kaiser*

## *6. Der Sonnengesang des Pharao Echnaton*

Du erscheinst so schön im Lichtorte des Himmels,
du lebendige Sonne, die zuerst zu leben anfing!
Du bist aufgeleuchtet im östlichen Lichtorte
und hast alle Lande mit deiner Schönheit erfüllt.
Du bist schön und glänzend und hoch über allen Landen.
Deine Strahlen umfassen die Länder, bis zum
Ende alles dessen, was du geschaffen hast;
du bist die Sonne
und dringst eben deshalb bis an ihr äußerstes Ende.
Du bändigst sie deinem geliebten Sohne.
Du bist fern, und doch sind deine Strahlen auf der Erde;
du bist im Angesicht der Menschen,
und doch kennt man deinen Weg nicht.
Gehst du zur Rüste im westlichen Lichtorte,
so ist die Welt in Finsternis, wie im Tode.
Du vertreibst die Finsternis,
sobald du deine Strahlen spendest.
Die beiden Länder sind in Festesstimmung.
Du machst die Jahreszeiten,
um sich entwickeln zu lassen alle deine Geschöpfe,
den Winter, um sie zu kühlen,
die Glut des Sommers, damit sie dich kosten.
Du hast den Himmel gemacht fern von der Erde,
um an ihm aufzuleuchten,
um alles, was du, einzig und alleine du, geschaffen hast, zu sehen,
wenn du aufgeleuchtet bist in deiner Gestalt als lebendige Sonne,
erschienen und glänzend, fern und doch nah.
Du machst Millionen von Gestalten aus dir, dem Einen,
Städte, Dörfer, Äcker, Weg und Strom.
Alle Augen erblicken dich sich gegenüber,
indem du die Sonne des Tages bist über der Erde.
Wenn du davongegangen bist, (...)
(und nicht) Einer mehr (sieht), was du geschaffen hast,
so bist du doch noch in meinem Herzen.
Es gibt keinen andern, der dich wirklich kennte,
außer deinem Sohne König Neferchepruré-Wanré;
du lässt ihn kundig sein deiner Pläne und deiner Macht.
Die Welt befindet sich auf deiner Hand,
wie du sie geschaffen hast.

Wenn du aufgeleuchtet bist, leben sie;
wenn du zur Rüste gehst, sterben sie.
Du bist die Lebenszeit selbst, man lebt in dir.
Die Augen schauen Schönheit, bis du zur Rüste gehst.
Niedergelegt werden alle Arbeiten,
sobald du zur Rüste gehst zur Rechten.
Wenn du wieder aufleuchtest,
so lässt (du jeden Arm) sich rühren für den König,
und (Eile) ist in jedem Beine,
seit du die Welt gegründet hast.
Du erhebst sie wieder für deinen Sohn,
der aus deinem Leibe hervorgekommen ist,
König Echnatôn und die Königin Nefernefruatôn-Nofretête.

## *7. Kannst du mir Gott zeigen?*

»Kannst du mir Gott zeigen?«
»Vielleicht ist es mit Gott wie mit der Sonne.«
»Wie ist es denn mit der Sonne?«
»Nun, du weißt ja: Die Sonne geht am Morgen auf und macht es hell und warm bei uns. Blumen und Bäume, Tiere und Menschen können leben, weil sie da ist. Ohne Sonne würde alles Leben erstarren.«
»Aber immer scheint die Sonne auch nicht.«
»Selbst wenn dunkle Wolken über uns sind und den Tag grau machen: Über den Wolken strahlt die Sonne doch. Ich denke, ähnlich ist es mit Gott.«
»Aber nie können wir Gott sehen, auch nicht an hellen Tagen.«
»Nicht mit den äußeren Augen. Wer Gott sehen will, muss seine inneren Augen öffnen ...«

*Hubertus Halbfas*

Aus: Hubertus Halbfas, Religionsbuch 2. Schuljahr.

## Lieder/Tanz und Musik

### *1. Ich freu' mich, dass die Sonne lacht*

2. Ich freu' mich, wenn die Blumen blühn.
   Sie leuchten in dem frischen Grün.
   Willst du die schönen Blumen sehn?
   Ich zeig dir, wo sie stehn.

3. Ich freu' mich, dass ein Vogel singt
   und über mir sein Lied erklingt.
   Ich pfeife fröhlich mit, und du,
   du summst ganz leis dazu.

4. Ich freu' mich, dass im Sonnenschein
   das Wasser lädt zum Baden ein.
   Wir spritzen uns ein bisschen nass
   und haben unsern Spaß.

5. Ich freu' mich, dass man Erdbeern dann
   in unserm Garten pflücken kann.
   Und wenn du Lust auf Erdbeern hast,
   bist du heut unser Gast.

6. Ich freu' mich, wenn ein Käfer brummt
   und eine Biene lustig summt.
   Ich freu' mich über diesen Tag
   und weil ich dich so mag.

7. So will ich für den Sonnenschein
   von Herzen froh und dankbar sein.
   Ich freu' mich, dass die Sonne lacht
   und alle fröhlich macht.

Text: Rolf Krenzer

Musik: Ludger Edelkötter


**Spielanleitung:**

Dieses Lied eignet sich dazu, es pantomimisch nachzuspielen, möglichst paarweise.

1. Str.: Arme hochwerfen, zu zweit im Kreis hüpfen.
2. Str.: Blumen im Gras mit dem Finger in die Luft zeichnen, dann rundherum zeigen.
3. Str.: Hand an die Ohrmuschel legen und auf die Vögel lauschen, den Arm um die Schultern des Mitspielers legen.
4. Str.: Schwimmbewegungen machen, sich gegenseitig nass spritzen.
5. Str.: Erdbeeren pflücken und sich gegenseitig füttern.
6. Str.: Mit dem Finger die Käfer und Bienen nachmachen, den Partner umarmen.
7. Str.: wie 1. Str.

## *2. Bevor die Sonne sinkt*

Gotteslob Nr. 702.

**Tanzbeschreibung:**

Alle stehen im Kreis um eine Mitte und halten sich an den Händen.

1. Str.: Die Hände offen vor sich hinhalten.
2. Str.: Die Arme mit geöffneten Händen halbhoch halten (Orantehaltung).
3. Str.: Die Arme ganz hochheben und sich langsam im Kreis drehen.
4. Str.: wie 1. Str.

## *3. An die Sonne*

3. (wie 1.) Und wenn wir's nicht verstehen, du nicht und ich,
so wird es doch geschehen, das tröstet mich.

4. (wie 2.) Das lässt mich ruhig schlafen die lange Nacht,
ich weiß, du wirst mich wecken mit deiner Pracht.

5. (wie 1.) Du liebe, liebe Sonne, Gott ist wohl gut.
Bescheine mich, mach wachsen meinen kleinen Mut!

T: Hermann Claudius M: Gottfried Wolters


**Tanzbeschreibung:**

Alle stehen im Kreis, die Hände durchgefasst und nach oben gestreckt. Schrittfolge: halbe Noten.

Takt 1–4: Acht Schritte rechts herum gehen.
Takt 5–8: Vier Schritte in der Mitte, vier Schritte wieder zurück; dabei die Arme senken.
Takt 9–12: Acht Schritte rechts herum um sich selbst drehen.
Takt 13–16: Hände wieder zum Kreis fassen und acht Schritte links herum gehen.

## *4. Sonne der Gerechtigkeit*

Gotteslob Nr. 644.

## *5. Ich schenk dir einen Sonnenstrahl*

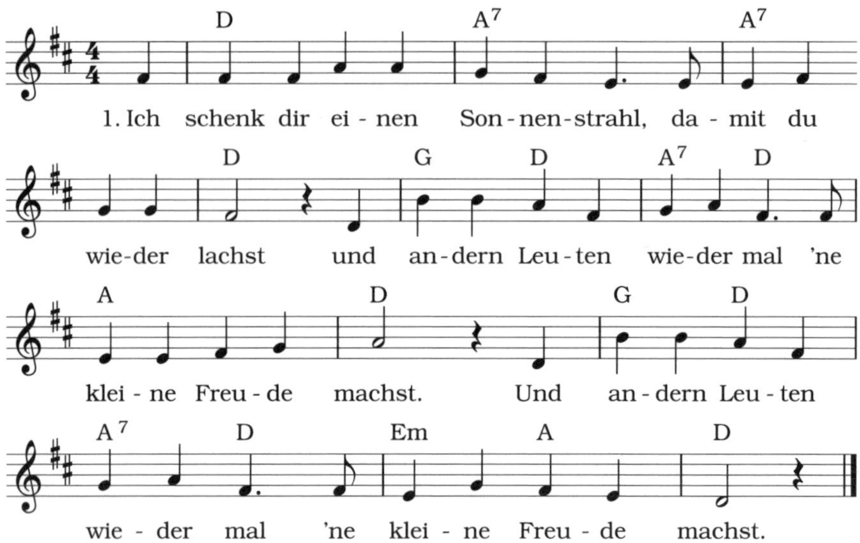


2. Ich schenk dir einen Sonnenstrahl,
dann spürt es jedermann:
Ein Sonnenstrahl steckt tausendmal
die andern alle an.

3. Ich schenk dir einen Sonnenstrahl,
damit du daran denkst,
dass du mir einen Sonnenstrahl,
wenn ich ihn brauche, schenkst.

T: Rolf Krenzer M: Detlev Jöcker
Aus: Elefantis Liederwiese

### *Spielanleitung:*

1. Str.: Alle gehen durch den Raum, und zwei finden sich. Sie heben die rechten Hände und fassen sich an. Dann drehen sie sich so im Kreis.
2. Str.: Die Paare, die sich gefunden haben, gehen auf ein anderes Paar zu, fassen sich mit den rechten Händen in der Mitte zusammen und drehen sich im Kreis.
3. Str.: Die vier, die sich gefunden haben, bilden eine Kette und suchen sich andere vier. Zu acht Personen führen sie nun die Hände in der Mitte zusammen und drehen sich im Kreis.

## *6. Sagt an, wer ist doch diese*

Gotteslob Nr. 588.

## *7. Sonnentanz*

**Musik:**

Jede langsame, getragene Musik, z. B. Kanon von Pachelbel, Soul Symphonies, oder Kitaro, Silk Road.

**Aufstellung:**

Geschlossener Kreis: Alle halten sich an den Händen gefasst. Gesicht zur Mitte.

**Tanzbeschreibung:**

1. Rechter Fuß rückwärts zurück.
2. Linker Fuß rückwärts zurück.
3. Rechter Fuß mit Gewicht vorverlagern.
4. Linker Fuß mit Gewicht rückverlagern, Wiegeschritt am Platz.
5. Rechter Fuß mit Gewicht vorverlagern.
6. Linker Fuß vorwärts.
7. Rechter Fuß rechts zur Seite, Arme allmählich nach oben führen, Hände nicht lösen.
8. Linker Fuß an rechten Fuß mit Gewicht.

## *8. Vom Aufgang der Sonne*

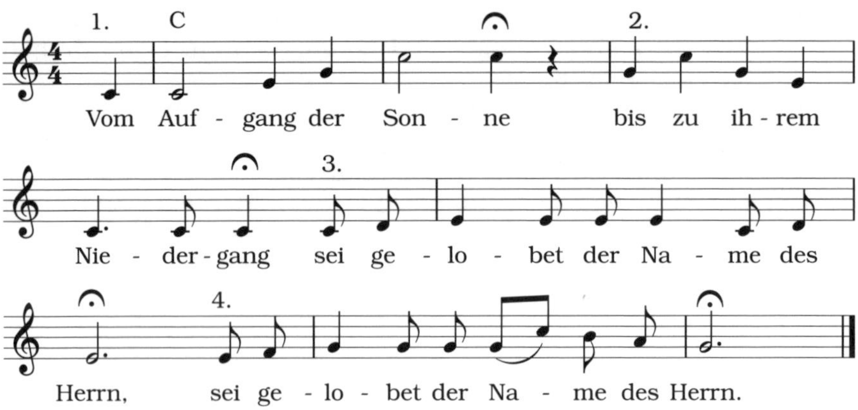


T: Psalm 113,3 M: Paul Ernst Ruppel


**Tanzbeschreibung:**

Alle stehen im Kreis, von 1–4 wird durchgezählt. Es wird gemeinsam gesungen und getanzt, dann in vier Gruppen.

1. Teil: Wir beschreiben langsam, von unten nach oben mit den Armen den Aufgang der Sonne.
2. Teil: Wir beschreiben mit den Armen von oben nach unten den Niedergang der Sonne.
3. Teil: Wir heben die Arme mit den Handflächen nach oben geöffnet.
4. Teil: Wir drehen uns so um uns selber.

## *9. Verklanglichung: Der Tageslauf der Sonne*

| **Text:** | **Verklanglichung:** |
|---|---|
| Es ist dunkle Nacht. | *Dunkle Töne von der Pauke oder auf Xylofonen.* |
| Das erste Tageslicht wird sichtbar. | *Tiefe Töne auf dem Glockenspiel/ leise Töne auf einer großen Triangel.* |
| Die Sonne zeigt ihre ersten Strahlen. | *Einen hellen Klang auf den Triangeln.* |
| Der Sonnenball wird sichtbar. | *Ein etwas verhaltener Zimbelklang/ leise Schläge mit einem Filzschlegel auf dem Rand eines Beckens.* |
| Der Sonnenball wird immer größer und heller. | *Die Schläge auf dem Becken werden allmählich lauter.* |
| Die Sonne strahlt am Himmel. | *Ein lauter Schlag auf dem Becken, der verhallt.* |
| Die Sonne geht unter, wie sie aufgegangen ist. | *(Rückwärts nach und nach)* |

## *10. Verklanglichung: Sonne*

Orffinstrumente und andere Geräuschinstrumente liegen in der Mitte. Die Geschichte (S. 55) wird vorgelesen. Gemeinsam wird gesammelt, welche Dinge, Personen und Empfindungen verklanglicht werden sollen. Diese werden auf einer Tapete gesammelt.
Für alle Dinge, Empfindungen und Personen, die in dieser Geschichte beschrieben werden, suchen sich die Mitspieler/innen geeignete Instrumente aus und erfinden einen Rhythmus oder eine Melodie. Danach einigen sich alle auf bestimmte Instrumente zu dem entsprechenden Ding, der Person oder der Empfindung, die im Klang ausgedrückt werden soll. Jetzt wird die Geschichte vorgelesen, und an den entsprechenden Stellen werden die richtigen Instrumente und Melodiefolgen eingefügt.

## 11. Verklanglichung: Wie die Sonne in das Land Malon kam

| **Text:** | **Verklanglichung:** |
|---|---|
| Malonen | *Metallofon* |
| Wanderer | *Blockflöte* |
| Sonne in der Erzählung | *Zimbeln* |
| Sonne, die endlich aufgeht | *Becken* |

Jetzt wird an der Geschichte entlang überlegt, welche Dinge oder Empfindungen außerdem noch verklanglicht werden sollten und mit welchen Instrumenten. Auf Metallofon und Flöte wird eine kleine Melodie oder Tonfolge erfunden, die dann erklingt, wenn die Personen agieren.
Zum Ruf der Malonen: »Sonne, liebe Sonne …« wird eine Melodie erfunden. Dann wird zu der Geschichte gespielt.

## 12. Verklanglichung: Auferstehung

Den einzelnen Farben und Farbflächen des Bildes »Auferstehung« von Alfred Manessier wird ein Instrument zugeordnet, dann erst einzeln vorgestellt und gemeinsam gespielt, sodass alle »Farben« hörbar sind.

| **Text:** | **Verklanglichung:** |
|---|---|
| Orange (Ball) | *Becken* |
| Orange (Flecken) | *Zimbeln* |
| Gelb | *Triangel* |
| Weiß | *Fingerzimbeln* |
| Schwarz | *Handtrommel* |
| Grau | *Schellentrommel* |
| Rot (Rahmen) | *Holzblocktrommel* |

## Bilder

- Fotos von der Sonne, von Sonnenauf- und -untergängen
- Alfred Manessier: Auferstehung
- Kees de Koort: Gott erschafft die Welt (Sonne)
- Roland Peter Litzenburger: Die gute Schöpfung des Franz von Assisi
- Regina Schmidt/Gabriele Frison: Die Sonne kommt in das Land Malon
  Aus: Wie die Sonne in das Land Malon kam (Bilderbuch), RPA-Verlag
- William Turner: Sonnenuntergang
- Benedikt W. Traut: Kreuz und Sonne
- Frans Masereel: Die Sonne (Bilderzyklus)

## Gestalten/Malen/Basteln

### *1. Gestaltung der Mitte*

- eine Sonne, aus Tonpapier mit Strahlen gelegt
- ein Sonnenball aus gelben Tüchern
- eine künstlerische Darstellung von einer Sonne (s. Abschnitt »Bilder«)

### *2. Malen zum Thema*

**Material:**

Farben, Stifte, Papier aller Art

Folgende Themen eignen sich gut zum Malen:
- Sonne *(Kreide/Wachsmalkreiden/Öl)*
- Sonnenaufgang/Sonnenuntergang *(Deckfarben/Aquarellfarben)*
- »Was die Sonne zum Leben erweckt« *(Buntstifte/Kreiden)*

## *3. Bilder nachmalen*

**Material:**

Farben, Stifte, Papier aller Art

Folgende Themen eignen sich gut zum Nachmalen:
- Alfred Menessier: Auferstehung
- Roland Peter Litzenburger: Die neue Schöpfung des Franz von Assisi

## *4. Eine Bildergeschichte zum Thema »Sonne« malen (Leporello)*

Einzelne Bilder, die Stationen des Textes (S. 60) darstellen, werden auf einzelne Blätter gemalt, die dann der Reihe nach aneinandergeklebt und anschließend geknickt werden wie eine Ziehharmonika. Beim Lesen des Textes kann die Geschichte dann nach und nach im Bild entfaltet werden.

## *5. Dias aus Pergamentpapier: Der Tageslauf der Sonne*

**Material:**

glaslose Diarähmchen, Pergamentpapier/Butterbrotpapier, Filzstifte oder noch besser Stifte für den Tageslichtprojektor/Diaprojektor, Leinwand

**Methode:**

Aus dem Pergamentpapier werden kleine rechteckige Stückchen ausgeschnitten, die etwas größer sind als das Fenster im Diarahmen, aber nicht größer als der Rahmen. Mit den Stiften wird nun auf verschiedenen Stücken in Kleinformat der Tageslauf der Sonne von der Dämmerung über den Sonnenaufgang zum Mittag bis zum Sonnenuntergang gemalt. Die kleinen bemalten Papierstückchen werden dann in die Diarahmen gespannt und können nun durch den Diaprojektor betrachtet werden.

## *6. Reißbild: Sonne aus Papierschnipseln*

**Material:**

blaues Tonpapier, gelbes Krepppapier, Klebstoff, Stift

**Methode:**

Aus dem gelben Krepppapier werden viele kleine Schnipsel gerissen. Der Umriss der Sonne wird auf das blaue Tonpapier gezeichnet und mit Klebstoff bestrichen. Dann werden die gelben Schnipsel daraufgeklebt.

## *7. Die Sonne als Transparentbild gestalten*

**Material:**

himmelblaues Tonpapier, gelbes Transparentpapier, Stift, Schere, Klebstoff

**Methode:**

Aus dem doppelt gelegten Tonpapier wird eine Sonne herausgeschnitten (oder ausgestochen). Dann wird eine der beiden Seiten mit gelbem Transparentpapier hinterlegt und die zweite Hälfte Tonpapier darübergedeckt.

## *8. Transparentbild: Heilige sind Menschen, durch die die Sonne scheint*

Die Methode ist wie bei Nr. 7. Gemeinsam wird zunächst die Geschichte (S. 59) gelesen. Die farbliche Gestaltung liegt ganz bei dem, der das Fensterbild gestaltet. Es kann einfach eine menschliche Figur gestaltet werden oder auch ein/e bestimmte/r Heilige/r mit seinen/ihren Attributen.

## *9. Collage zum Lied: Ich freu' mich, dass die Sonne lacht*

**Material:**

Bilder aus Zeitungsausschnitten, schwarzes und gelbes Tonpapier, Schere, Klebstoff

**Methode:**

Das schwarze Tonpapier ist der Untergrund. Zunächst werden aus den Zeitungen dem Lied (S. 63) entsprechende Bilder ausgesucht und ausgeschnitten. Dann wird überlegt, an welcher Stelle im Bild die Sonne erscheinen soll. Sie wird aus dem gelben Tonpapier geschnitten. Dazu werden die anderen Fotos gelegt und, wenn der Aufbau als gelungen erscheint, festgeklebt.

## *10. Eine Marienfigur als Stoffbild gestalten*

**Material:**

Stoffreste, Perlen, Nadeln, Faden, Klebstoff, grobes Leinen

**Methode:**

Dem Lied »Sagt an, wer ist doch diese« (Gotteslob Nr. 588) entsprechend, wird zunächst der Entwurf eines Marienbildes gezeichnet. Dieser Entwurf wird auf die große Leinenfläche übertragen. Dann werden die Stoffreste farblich zugeschnitten und entsprechend aufgenäht (geklebt). Das Ganze wird dann noch mit bunten Perlen verziert.

## *11. Bilder nachlegen*

Zum Nachlegen mit bunten Tüchern eignen sich folgende Bilder:
- Foto: Sonnenuntergang am Meer
- Kees de Koort: Gott erschafft die Welt (Sonne)
- William Turner: Sonnenuntergang

## *12. Sonne aus Tüchern gestalten und verzieren*

**Material:**

Holzreifen, gelbe Tücher, Steine/Perlen, Tuchstreifen, Holzringe, Blumen und anderes Legematerial

**Methode:**

Ein großer Holzreifen wird in die Mitte gelegt. Er wird mit einem gelben Tuch als Sonnenball ausgelegt. Darum herum werden dünne gelbe Tuchstreifen als Strahlen gelegt. Diese Sonne wird dann mit verschiedenen Materialien kostbar verziert. Als Einstieg zu dieser Legeaktion eignet sich der Sonnengesang des Pharao Echnaton (S. 61).

## *13. Gott – die Sonne mit vielen Namen*

**Material:**

gelbes Tonpapier, Schere

**Methode:**

Ein großer Sonnenball und viele Sonnenstrahlen werden aus dem Tonpapier geschnitten. Der Sonnenball wird in die Mitte gelegt.
Jede/r Teilnehmer/in erhält einen Sonnenstrahl. Jetzt wird der Text »Kannst du mir Gott zeigen?« (S. 62) vorgelesen. Dann werden die Teilnehmer/innen aufgefordert, Namen Gottes, die ihnen spontan einfallen, zu nennen und bei jedem Namen einen Sonnenstrahl zum Sonnenball zu legen.

## Stilleübungen

*L = Leiter/in; TN = Teilnehmer/in. Jede freie Zeile im Sprechtext bedeutet eine längere Sprechpause.*

### *1. Die Sonne bekommt Strahlen*

*In der Mitte liegt eine strahlend gelbe Sonnenscheibe aus Farbkarton. Alle TN erhalten einen Sonnenstrahl aus dem gleichen Material und legen ihn vor sich hin auf den Kreis.*

*L spricht:*
In unserer Mitte sehen wir einen gelben Ball,
rund wie die Sonnenscheibe.
Die Sonne scheint hell am Tag.
Sie sendet ihre Strahlen aus.
Sie hat Ausstrahlung.
Mit diesen Strahlen wärmt sie uns.
Mit der Kraft ihrer Strahlen erhält sie Pflanzen,
Tiere und Menschen.
Sonne macht Leben möglich.
Viele Dinge und Menschen gibt es,
die uns Leben ermöglichen.
Dafür dürfen wir dankbar sein.
Wir wollen einen Augenblick darüber nachdenken.

*(Wenn die Strahlen zu einem Lied/Tanz zur Sonne gelegt werden sollen, ist es sinnvoll, ohne Anmerkung in die Stille hinein jetzt die Melodie zu summen und die TN mitsummen zu lassen in ständiger Wiederholung. Das Gleiche geschieht mit dem Text, der vorgesprochen und nachgesprochen wird. Dann wird das Lied mit dem Text leise gesungen.)*

Unserer Sonne fehlen noch die Strahlen.
Wir haben sie vor uns liegen.

*(Wenn die Strahlen zu einem Lied/Tanz zur Sonne gelegt werden sollen, werden die TN jetzt aufgefordert, sich im Kreis linksherum auf die Kreisbahn zu stellen. Alle halten ihre Sonnenstrahlen in der linken Hand und legen ihre rechte Hand auf die Schulter der vor-*

*deren Person. Zu einem kurzen Lied, z. B. »Ich schenk dir einen Sonnenstrahl« [S. 66], gehen die TN dann auf der Kreisbahn um die Sonne herum. Nach jedem Durchgang legen 1–5 TN – je nach Anzahl – ihre Strahlen zur Sonne, evtl. mit einem kleinen Danksatz.)*

Jeder und jede von uns ist jetzt eingeladen, seinen Strahl zum Sonnenball zu legen.
Wer möchte, kann dabei auch einen Satz sprechen, der beginnt: »Ich danke für …«

## 2. Sonne tanken

*Die TN haben sich bei Sonnenschein auf einer Wiese versammelt und sitzen im Kreis in der Sonne. (Es sollte für diese Übung weder zu heiß noch zu kalt sein.)*

*L spricht:*
Heute wollen wir Sonne tanken.
Die Sonne, in die wir nicht hineinschauen können,
gibt uns Licht, Wärme und Leben.

Wir schließen die Augen.

*(Wenn es nicht möglich ist, diese Übung im Freien zu machen, kann auch das Bild einer Sonne in die Mitte gelegt und an dieser Stelle mit dem Sonnentraum begonnen werden. Dann fallen das Drehen und Hinlegen sowie das Wiederaufrichten weg.)*

Wir setzen uns im Schneidersitz gerade hin und lassen den Kopf hängen.

Jetzt drehen wir unseren Körper langsam der Sonne entgegen.

Wir heben den Kopf und halten ihn wie die Blumen der Sonne entgegen.

Wir spüren die Wärme auf unserer Haut.

Wir legen uns zurück ins Gras und träumen unseren Sonnentraum.

*(An dieser Stelle evtl. eine leise Melodie summen.)*

Langsam kommen wir von unserer Traumreise auf unsere Wiese zurück.
Wir setzen uns wieder hin.
Wir öffnen langsam die Augen.

*Jetzt können die »Sonnenträume« einander erzählt werden.*

## Spiel und Aktion

### *1. Schattenspiel zum Bilderzyklus »Die Sonne«*

Den Bildern von Frans Masereel (s. S. 71) entsprechend, werden die einzelnen Szenen entworfen. Das, was als Schattenfigur zu sehen sein soll, muss besprochen werden. Dazu ist es notwendig, aus den einzelnen Bildern die wesentlichen Elemente auszuwählen.
Eine Geschichte wird zu den Bildern entworfen und aufgeschrieben. Das Schattenspieltheater wird entworfen.
Die Kulissen können als Schattenriss hinter der Leinwand aufgestellt werden.
Die Hauptperson kann von einer Person gespielt werden oder auch als Schattenfigur aus Pappkarton vor der Leinwand bewegt werden.
Gespielt wird hinter einer Leinwand, die von einer starken Lichtquelle beleuchtet wird.

### *2. Sonnenaufgang/Sonnenuntergang*

An einem Morgen einmal so früh aufstehen, dass man einen Sonnenaufgang von einer erhöhten Stelle aus bewusst beobachten kann.
Sich einmal bewusst zur Zeit des Sonnenuntergangs an einen ruhigen Ort setzen und den Sonnenuntergang genießen.

## *3. Spiel mit Tüchern: Der Tageslauf der Sonne*

**Material:**

Tücher in den Farben rot, orange, gelb, dunkelblau, hellblau, grün, lila, weiß

**Spielablauf:**

*Im Hintergrund hocken in drei Halbkreisen hintereinander Personen mit roten (1. Reihe), orange (2. Reihe), gelben (3. Reihe) Tüchern. Sie stellen im Spielverlauf die Sonne in ihren unterschiedlichen Phasen dar. Zu Beginn stehen Personen mit dunkelblauen Tüchern im Vordergrund. Die Tücher werden immer senkrecht vor dem Körper gehalten.*

Sprecher/in: Es ist Dunkel. Die Nacht hat sich ausgebreitet. Langsam weicht die Dunkelheit der Dämmerung.

*Personen mit den hellblauen Tüchern stellen sich zwischen die mit den dunkelblauen Tüchern.*

Sprecher/in: Langsam geht die Sonne auf.

*Personen mit den roten Tüchern im hinteren Halbkreis stehen allmählich auf: Wenn sie stehen, stellen sich dahinter die Personen mit den orange Tüchern. Die mit den roten Tüchern lassen sich allmählich wieder nieder.*

Sprecher/in: Im Licht der aufgehenden Sonne kann man in der Dämmerung allmählich eine Blumenwiese erkennen.

*Die Personen mit den dunkelblauen Tüchern ziehen sich in den Hintergrund zurück, in den Vordergrund hocken sich Personen mit grünen Tüchern, dazwischen verstreut die mit den lila und weißen Tüchern. Die mit den hellblauen Tüchern stellen sich rechts und links neben die Sonne.*

Sprecher/in: Die Sonne entfaltet ihr helles Licht.

*Die orangen Tücher verschwinden und die gelben Tücher stehen im Halbkreis.*

Sprecher/in: Die Blumen öffnen ihre Blütenkelche und strecken sich der Sonne entgegen.

*Die Personen mit den lila und weißen Tüchern halten ihre Tücher wie Kelche vor ihr Gesicht.*

Sprecher/in: Die Sonne scheint den ganzen Tag und gibt der Welt Licht und Wärme. Immer höher steigt sie hinauf. Dann sinkt sie wieder.
Die Blumen schließen ihre Kelche.

*Die Personen mit den lila und weißen Tüchern legen sich flach auf den Boden.*

Sprecher/in: Die Sonne sinkt und die Dämmerung bricht herein.

*Die Personen mit den grünen Tüchern gehen in den Hintergrund zurück, die hellblauen und dunkelblauen Tücher bedecken wieder den Vordergrund. Die Personen mit den orangen Tüchern stellen sich zwischen die gelben Tücher, die dann nach einiger Zeit verschwinden. Dann geht es mit den roten und orangen Tüchern genauso, bis auch die roten Tücher wieder versinken. Dann ziehen sich auch die hellblauen Tücher wieder zurück.*

Sprecher/in: Die Sonne hat ihren Tageslauf beendet. Es ist wieder dunkle Nacht.

*Dieses Spiel wirkt besonders, wenn die Aktionen der bunten Tücher von Instrumenten verklanglicht werden oder zum Ganzen eine leise, ruhige Musik gespielt wird.*

## 4. Sonnenspaziergang

An einem schönen Tag (besonders geeignet ist einer der ersten warmen Frühlingstage) spazieren gehen und schauen, was durch die Sonne alles zum Leben erweckt wird: Knospen, Blüten usw. Nach einer Weile sich ruhig auf eine Bank setzen und die Sonnenstrahlen im Gesicht und auf der Haut spüren und genießen.

## *5. Papptheater: Wie die Sonne in das Land Malon kam*

**Material:**

großer Pappkarton, Papierrolle, zwei runde Stäbe, Pappe, dünne Rundhölzer, Schreibtischlampe, Stifte, Klebstoff, Scheren

**Vorbereitung:**

Ein großer Pappkarton wird als »Guckkastentheater« hergerichtet. Von oben muss der Karton eine Öffnung haben zum Bewegen der Spielpuppen. Seitlich hat er rechts und links in der ganzen Höhe einen Schlitz, durch den die Rolle mit den Kulissen geschoben wird. Auf eine Papierrolle wird jetzt hintereinander in der richtigen Reihenfolge der Hintergrund gemalt: das dunkle Land Malon, die Erzählung von der Sonne, wie sie der Wanderer beschreibt, und schließlich die im Land Malon über den Bergen aufsteigende Sonne. An die rechte und linke Seite der bemalten Papierrolle wird jeweils ein runder Stab befestigt, damit man die Kulisse von der einen Seite auf die andere durch das Theater ziehen kann und sie rechts und links aufgerollt wird.
Auf Pappe werden die handelnden Personen aufgemalt und ausgeschnitten: die Menschenmenge der Malonen und der Wanderer.
Hinter jeder Person oder Personengruppe wird ein dünnes Stäbchen befestigt, mit dem durch die obere Öffnung des Papptheaters die Figuren bewegt werden. Von oben dient eine Schreibtischlampe als Beleuchtung.
Nun kann die Geschichte während des Vorlesens im Papptheater szenisch dargestellt werden.

## *6. Videofilm vom Sonnenaufgang/-untergang drehen*

Mit einer Videokamera filmen, wie die Sonne im Meer, hinter einem Berg usw. versinkt oder am Morgen aufsteigt.

## *7. Fotos von Sonnenstrahlen machen*

Manchmal sieht man die Sonnenstrahlen sehr deutlich: hinter einer Wolke, durch die Bäume im Wald usw. Davon Fotos machen.

## *8. Spiel: Sonnenstrahlen fangen*

Eine/r ist die Sonne. Sie steht in der Mitte des Spielfeldes.
Eine Hälfte der Personen sind Sonnenstrahlen und stehen in der Nähe der Sonne (gekennzeichnet durch ein gelbes Band).
In einer Entfernung gegenüber steht die andere Hälfte der Mitspieler/innen, die Menschen, die Sonnenstrahlen fangen möchten.
Die Sonne ruft: »Die Sonne schickt ihre Strahlen aus.« Die Sonnenstrahlen laufen auf die andere Seite hinüber. Die Menschen kommen ihnen entgegen. Sie versuchen, die Sonnenstrahlen zu fangen. Die Sonnenstrahlen dürfen sich an der Sonne festhalten. Dann können sie, solange sie nicht weiterlaufen, nicht gefangen werden. Das Spiel wird dann im Wechsel fortgesetzt, bis alle Sonnenstrahlen gefangen sind.

## *9. Ballspiel: Die Sonne*

Alle Mitspieler stehen im Kreis. In der Mitte steht eine Person, die den »Sonnenball« hält (ein gelber oder oranger Ball). Die Person in der Mitte wirft den Ball den im Kreis Stehenden zu. Die fangen ihn auf und werfen ihn zurück (im Laufe der Zeit das Tempo steigern). Wer den Ball fallen lässt, muss in die Mitte.

Steigerung: Beim Ballwerfen dreht sich der äußere Kreis langsam in eine Richtung, evtl. zu Musik.

# Mond

## Einführung in das Symbol

Wenn Menschen die Sonne als kraftvoll und stark erleben, so ist im Gegensatz dazu der Mond das sanfte Licht der Nacht. Der Mond ist das Gestirn, zu dem man aufschauen kann, das nicht bedrohlich für die Menschen wirkt. In Mythen und Erzählungen der Völker wird der Mond als der kleine Bruder der Sonne bezeichnet. Das Betrachten des Mondes ruft bei vielen Menschen oft eine wehmütige, sehnsuchtsvolle Stimmung hervor, so, wie sie in Gedichten (z. B. »Mondnacht« von Joseph von Eichendorff) beschrieben wird.

Bei allem Trost, den der Mond in der Nacht spendet, bleibt er dennoch geheimnisvoll. In vielen Märchen und Mythen, im Reich der Zauberer und Hexen, wird dem Mond besondere magische Bedeutung zugemessen: Bei Vollmond werden Pakte mit dem Bösen geschlossen, bei Vollmond oder Neumond werden bestimmte Kräutermischungen hergestellt, bei Vollmond tanzen die Elfen.

Wie die Sonne, die den Tag einteilt, als Gottheit angesehen wurde, so war es auch mit dem Mond. Er ist in vielen Kulturen eine weibliche Gottheit. Durch die Mondphasen war auch für einfache Kulturen ein Rhythmus erkennbar, der sich immer wiederholte. Die indianischen Kulturen rechneten in »Monden«, und auch unser Wort »Monat« kann vom Wort »Mond« her abgeleitet werden. So ist der Mond seit alter Zeit das Zeichen, nach dem das Jahr eingeteilt wird.

Nach den Phasen des Mondes richtet sich auch in vielen Religionen der Festkreis des Jahres. So findet z. B. im christlichen Lebensraum das Osterfest immer nach dem ersten Vollmond des Frühlings statt. Schon bevor Menschen das Geheimnis der mondsüchtigen Schlafwandler aufgedeckt hatten und nachgewiesen wurde, dass die Gezeiten des Meeres mit der Anziehungskraft des Mondes zusammenhängen, war den Menschen klar, dass die verschiedenen Mondphasen auch ihr eigenes Leben beeinflussen.

Das ständige Werden und Vergehen des Mondes lässt Menschen ihre eigene Vergänglichkeit erahnen. Aber gerade dadurch ist der Mond auch ein Symbol für Tod und Auferstehung im christlichen Sinne, für Hoffnung über unser Leben hinaus.

## Biblische Bezüge

### *1. Der Mond als Teil der Schöpfung*

Psalm 8,1–5

### *2. Der Mond als Zeiteinteilung*

Psalm 89,36–38
104,19

## Geschichten/Texte

### *1. Herr Zinnober erzählt eine Gutenachtgeschichte*

Herr Zinnober erzählt eine Gutenachtgeschichte:
»Jeden Abend«, erzählt Herr Zinnober, »ging der Mond über der großen Stadt auf und sah hinab auf die vielen Lichter, den Verkehr und die grellen Reklamesprüche.
Nach mir sieht keiner mehr, die Menschen haben mich vergessen, dachte der Mond und wurde ganz traurig.
Und vor Traurigkeit aß er nicht mehr und wurde dünn und immer dünner. Erst wurde er eine Sichel, und irgendwann war er gar nicht mehr zu sehen.
Doch dann merkte er, dass die Menschen ihn suchten, nach ihm ausschauten und, wenn er sich ein bisschen zeigte, sogar vor Freude in die Hände klatschten. Darüber war er so froh und glücklich, dass er sich rund und dick aß.
Da waren die Menschen zufrieden, und keiner kümmerte sich mehr um ihn ...
Da wurde der Mond wieder traurig und nahm ab. Und so ging es immer weiter. Mal war er traurig, mal war er froh ...«
Die Kinder sind eingeschlafen ...
»Tschüs«, sagt Herr Zinnober, und wie er hinausgeht, huscht sein Schatten über die Gesichter der Kinder, und es sieht aus, als lächelten sie und sagten auch »Tschüs«.

*Elisabeth Zöller*

## 2. Der Mond

Vorzeiten gab es ein Land, wo die Nacht immer dunkel und der Himmel wie ein schwarzes Tuch darübergebreitet war, denn es ging dort niemals der Mond auf, und kein Stern blinkte in der Finsternis. Bei Erschaffung der Welt hatte das nächtliche Licht nicht ausgereicht. Aus diesem Land gingen einmal vier Burschen auf die Wanderschaft und gelangten in ein anderes Reich, wo abends, wenn die Sonne hinter den Bergen verschwunden war, auf einem Eichbaum eine leuchtende Kugel stand, die weit und breit ein sanftes Licht ausgoss. Man konnte dabei alles wohl sehen und unterscheiden, wenn es auch nicht so glänzend wie die Sonne war. Die Wanderer standen still und fragten einen Bauern, der da mit seinem Wagen vorbeifuhr, was das für ein Licht sei. »Das ist der Mond«, antwortete dieser, »unser Schultheiß hat ihn für drei Taler gekauft und an dem Eichbaum befestigt. Er muss täglich Öl aufgießen und ihn rein erhalten, damit er immer hell brennt. Dafür erhält er von uns wöchentlich einen Taler.«
Als der Bauer weggefahren war, sagte der eine von ihnen: »Diese Lampe könnten wir brauchen, wir haben daheim einen Eichbaum, der ebenso groß ist, daran können wir sie hängen. Was für eine Freude, wenn wir nachts nicht in der Finsternis herumtappen!«
»Wisst ihr was?«, sprach der zweite, »wir wollen Wagen und Pferde holen und den Mond wegführen. Sie können sich hier einen anderen kaufen.«
»Ich kann gut klettern«, sprach der dritte, »ich will ihn schon herunterholen.« Der vierte brachte einen Wagen mit Pferden herbei, und der dritte stieg den Baum hinauf, bohrte ein Loch in den Mond, zog ein Seil hindurch und ließ ihn herab. Als die glänzende Kugel auf dem Wagen lag, deckten sie ein Tuch darüber, damit niemand den Raub bemerken sollte. Sie brachten ihn glücklich in ihr Land und stellten ihn auf eine hohe Eiche. Alte und Junge freuten sich, als die neue Lampe ihr Licht über alle Felder leuchten ließ und Stuben und Kammern damit erfüllte. Die Zwerge kamen aus den Felsenhöhlen hervor, und die kleinen Wichtelmänner tanzten in ihren roten Röckchen auf den Wiesen den Ringeltanz.
Die vier versorgten den Mond mit Öl, putzten den Docht und erhielten wöchentlich ihren Taler. Aber sie wurden alte Greise, und als der eine erkrankte und seinen Tod voraussah, verordnete er, dass der vierte Teil des Mondes als sein Eigentum ihm mit in das Grab sollte gegeben werden. Als er gestorben war, stieg der Schult-

heiß auf den Baum und schnitt mit der Heckenschere ein Viertel ab, das in den Sarg gelegt ward. Das Licht des Mondes nahm ab, aber noch nicht merklich. Als der zweite starb, ward ihm das zweite Viertel mitgegeben, und das Licht minderte sich. Noch schwächer ward es nach dem Tode des dritten, der gleichfalls seinen Teil mitnahm, und als der vierte ins Grab kam, trat die alte Finsternis wieder ein. Wenn die Leute abends ohne Laterne ausgingen, stießen sie mit den Köpfen zusammen.

Als aber die Teile des Mondes in der Unterwelt sich wieder vereinigten, so wurden dort, wo immer Dunkelheit geherrscht hatte, die Toten unruhig und erwachten aus ihrem Schlaf. Sie erstaunten, als sie wieder sehen konnten – das Mondlicht war ihnen genug, denn ihre Augen waren so schwach geworden, dass sie den Glanz der Sonne nicht ertragen hätten. Sie erhoben sich, wurden lustig und nahmen ihre alte Lebensweise wieder an. Ein Teil ging zum Spiel und Tanz, andere liefen in die Wirtshäuser, wo sie Wein forderten, sich betranken, tobten und zankten und endlich ihre Knüttel aufhoben und sich prügelten. Der Lärm ward immer ärger und drang endlich bis in den Himmel hinauf.

Der heilige Petrus, der das Himmelstor bewacht, glaubte, die Unterwelt wäre in Aufruhr geraten, und rief die himmlischen Heerscharen zusammen, die den bösen Feind, wenn er mit seinen Gesellen den Aufenthalt der Seligen stürmen wollte, zurückjagen sollten. Da sie aber nicht kamen, so setzte er sich auf sein Pferd und ritt durch das Himmelstor hinab in die Unterwelt. Da brachte er die Toten zur Ruhe, hieß sie sich wieder in ihre Gräber legen und nahm den Mond mit fort, den er oben am Himmel aufhing.

*Brüder Grimm*

## *3. Mondnacht*

Es war, als hätt der Himmel
Die Erde still geküsst,
Dass sie im Blütenschimmer
Von ihm nun träumen müsst.

Die Luft ging durch die Felder,
Die Ähren wogten sacht,
Es rauschten leis die Wälder,
So sternklar war die Nacht.

Und meine Seele spannte
Weit ihre Flügel aus,
Flog durch die stillen Lande,
Als flöge sie nach Haus.

*Joseph von Eichendorff*

# Lieder/Tanz und Musik

## *1. Abendlied*

2. Tief unter ihm, das stille Land,
   es ruht vom Tag sich aus.
   Es schläft die Wiese, schläft der Wald,
   es schlafen Feld und Haus.

3. Auch ich bin müd' vom langen Tag.
   Bald schlaf' ich tief und fest.
   Ich kuschel' mich ins weiche Bett,
   wie's Vogelkind ins Nest.

4. Dich, lieber Gott, ruf' ich nun an.
   Von Herzen bitte ich:
   Nimm du die Welt in deine Hand,
   den Mond, das Land und mich.

T: Lore Kleikamp M: Detlev Jöcker
Aus: Liederbuch zum Umhängen 1

## *2. Der Mond ist aufgegangen*

2. Wie ist die Welt so stille
und in der Dämmrung Hülle
so traulich und so hold,
als eine stille Kammer,
wo ihr des Tages Jammer
verschlafen und vergessen sollt.

3. Seht ihr den Mond dort stehen?
Er ist nur halb zu sehen
und ist doch rund und schön.
So sind wohl manche Sachen,
die wir getrost belachen,
weil unsre Augen sie nicht sehn.

4. So legt euch denn, ihr Brüder,
in Gottes Namen nieder,
kalt ist der Abendhauch.
Verschon uns, Gott, mit Strafen
und lass uns ruhig schlafen
und unsern kranken Nachbarn auch.

T: Matthias Claudius M: Johann A. P. Schulz

## ***3. Guter Mond, du gehst so stille***

2. Guter Mond, dir darf ich's klagen,
was mein banges Herze kränkt
und an wen mit bittern Klagen
die betrübte Seele denkt!
Guter Mond, du sollst es wissen,
weil du so verschwiegen bist,
warum meine Tränen fließen
und mein Herz so traurig ist.

T und M: trad. Deutschland, 18. Jh.

## 4. Mondtanz

**Musik:** langsame, getragene Musik

Im Mondtanz wird symbolisch getanzt, wie der Mond zunimmt bis zum Vollmond und wieder abnimmt bis zum Neumond. Alle Tänzer/innen tragen gelbe Tücher.

Alle kauern verteilt im Raum am Boden.
Wenn die Musik einsetzt, erhebt sich der/die erste und schreitet langsam im »Pilgerschritt« (rechts, links vor, rechts vor, links nach hinten wiegen) durch den Raum. Er/sie berührt eine/n andere/n an der Schulter. Diese/r steht auch auf, legt seine rechte Hand auf die Schulter des/der Vortänzers/Vortänzerin und schreitet mit ihm/ihr durch den Raum.
Immer wieder berührt der/die Vortänzer/in eine/n andere/n an der Schulter. Diese schließen sich immer hinten an, bis alle in der Schlange stehen und einen Kreis bilden.
Eine Weile wird nun der Vollmond im Kreis rund getanzt. Dann löst sich die Kreisform wieder, und nach und nach sinken die Tänzer/innen wieder zu Boden, bis auch der/die Vortänzer/in am Ende der Musik sich wieder niederkauert.

## 5. Verklanglichung: Herr Zinnober erzählt eine Gutenachtgeschichte

| **Text:** | **Verklanglichung:** |
|---|---|
| Der Mond | *Hängende Zimbel mit Filz-Schlegel. Zu- und Abnehmen des Mondes durch laut und leise darstellen.* |
| Geräusche der Stadt | *Überlegen, welche Geräusche das sein könnten und die entsprechenden Instrumente dazu suchen.* |
| Menschen, die den Mond suchen | *Unterschiedliche Klangfarben auf den verschiedenen Stabspielen.* |

### *6. Mondscheinsonate*

Ludwig van Beethoven, Klaviersonate »Sonata quasi una fantasia«, op. 27 Nr. 2 cis-Moll: Mondscheinsonate
(Das Adagio aus dieser Sonate kann auch als Musik zum vorhergehenden Tanz dienen.)

### *7. Verklanglichung: Mondnacht*

| **Text:** | **Verklanglichung:** |
|---|---|
| Stille/Blütenschimmer/ Träumen | *Fingerzimbeln, leise, hohe Töne auf Glockenspiel und Metallofon* |
| Die Luft/Ährenwogen | *Glissando (mit einem Filzschlegel langsam hin und her streichen) auf dem Xylofon/mit den Fingerkuppen über die Handtrommelfelle streichen* |
| Sterne | *Schläge auf der Triangel* |
| »Meine Seele spannte« | *Eine Melodie auf der Flöte oder Metallofon erfinden oder auf dem Becken langsam den Ton anschwellen lassen.* |

## Bilder

- Fotos von verschiedenen Mondphasen
- NASA-Fotos der Mondoberfläche
- Max Ernst: Die ganze Stadt
- Eric Wijnands: Dein Brot teilen (Ausschnitt Mond)
- Ferdinand Hodler: Eiger, Mönch und Jungfrau im Mondlicht
- Walter Habdank: Mann am Fenster

# Gestalten/Malen/Basteln

## *1. Gestaltung der Mitte*

- ein hellgelbes Tuch auf ein dunkelblaues in der Form einer Mondscheibe legen
- den Mond in seinen verschiedenen Phasen (zunehmend/Vollmond/abnehmend) aus gelbem Tonpapier auf einen schwarzen oder dunkelblauen Untergrund legen

## *2. Mondlandschaft malen*

Zu einer langsamen Musik werden alle eingeladen, die Augen zu schließen und sich eine Landschaft bei Mondschein vorzustellen. Dann malt jede/r seine »Mondlandschaft« mit Ölfarben, Wasserfarben oder Aquarellfarben.

## *3. Malen nach Musik: Mondscheinsonate*

Den Teilnehmer/innen/n werden verschiedene Maltechniken zur Verfügung gestellt, unter denen sie frei wählen können.
Während die Musik der Mondscheinsonate von Beethoven (s. S. 93) gespielt wird, malen die Teilnehmer/innen das, was ihnen beim Hören der Musik einfällt. Es ist möglich, zur ganzen Sonate nur ein Bild zu malen oder unterschiedliche Bilder zu den einzelnen Sätzen der Sonate.
Es kann auch hilfreich sein, die Sonate zunächst nur zu hören und erst beim zweiten Hören zu malen.

## *4. Linolschnitt: Mondphasen*

In eine Linolplatte werden mit dem Linolschnittmesser die verschiedenen Phasen des Mondes vom zunehmenden über den Vollmond wieder zum abnehmenden Mond geschnitten.
Dann die Linolplatte mit blauer oder schwarzer Farbe bestreichen, ein Blatt darüberlegen und so Drucke anfertigen. Wer möchte, kann auch den gezeigten Mond mit gelber Farbe ausmalen.

## *5. Rußbilder: Mondlicht*

**Material:**

Diadeckgläser, eine Haushaltskerze, Zahnstocher oder Stecknadeln, Projektor

**Methode:**

Ein Diadeckglas wird so lange über die Kerzenflamme gehalten, bis eine Seite schwarz berußt ist (evtl. mit Holz-Wäscheklammer halten). Dann wird mit einem Zahnstocher, Stecknadel oder anderem spitzen Gegenstand das gewählte Motiv in den Ruß geritzt.
Hier: Das Licht des Vollmondes und sein Schein. Wenn ein Bild gelungen ist, wird es mit einem weiteren Diadeckglas geschützt, und beide werden durch einen Klebestreifen am Rand zusammengehalten. Jetzt kann das Rußbild durch einen Diaprojektor betrachtet werden.

## *6. Holzarbeit: Halbmond zum Aufhängen*

Aus einer ca. 2–3 cm dicken Holzscheibe einen Halbmond ausschnitzen (wenn man will, auch mit Gesichtsprofil und Pfeife). Durch die obere Spitze ein kleines Loch bohren, um den Faden zum Aufhängen durchzuziehen.

## *7. Wollfadenbild: Baum und Mond*

**Material:**

Wollfäden in blau, schwarz und gelb, blaue Teppichfliesen, eine Schüssel mit Wasser

**Methode:**

Die Wollfäden im Wasser anfeuchten und daraus dann auf den Teppichfliesen ein Bild legen zum Thema: Baum beim Mondschein. Darauf achten, dass die Umrisse mit den Wollfäden farbig ausgefüllt werden.

### *8. Holzschnitt: Mondphasen*

Wie unter Nr. 4, nur dass jetzt mit einem Schnitzmesser in Holz geschnitzt wird. Drucken wie oben beschrieben.

## Stilleübungen

*L = Leiter/in; TN = Teilnehmer/in. Jede freie Zeile im Sprechtext bedeutet eine längere Sprechpause.*

### *1. Wir sind wie der Mond*

*In der Mitte liegt ein Bild mit den verschiedenen Mondphasen: von der zunehmenden Mondsichel angefangen über den Vollmond bis hin zur abnehmenden Mondsichel.*

*L spricht:*
In der Mitte sehen wir den Mond in seinen verschiedenen Phasen.
Wir schauen das Bild in der Mitte in Ruhe an.

Der zunehmende Mond ist klein und schmal.
Er wächst und dehnt sich aus.
Er hat ein Ziel vor Augen:
vollkommen rund und schön zu werden.

Der zunehmende Mond gleicht uns,
wenn wir uns danach sehnen,
glücklich und vollkommen zu werden.
Er gleicht uns,
wenn wir in unserer Jugend die Welt entdecken,
begreifen und erobern wollen.
Wir entwickeln und entfalten uns.

Der Vollmond ist rund und schön.
Er ist anziehend.
Er nimmt uns in seinen Bann.

Der Vollmond gleicht uns,
wenn wir glücklich sind,
wenn wir spüren:
Jetzt habe ich etwas vollendet.
Er gleicht uns, wenn wir in unserem Leben
auf der Höhe der Kraft sind,
wenn wir unsere Fähigkeiten einsetzen
für das Leben.

Der abnehmende Mond wird wieder kleiner.
Etwas von Abschiednehmen liegt in ihm.
Er wird so schmal und klein,
dass er schließlich ganz verschwindet.

Der abnehmende Mond gleicht uns,
wenn wir mühsam lernen loszulassen,
wenn wir Abschied nehmen müssen.
Er gleicht uns, wenn wir alt werden,
wenn unsere Kräfte nachlassen,
wenn wir sterben müssen.

Der Mond ist ein Bild für unser Leben.
Er verschwindet. Wohin?
Um immer wieder neu zu wachsen und vollkommen zu werden.

*Jetzt sollte zum Nachdenken noch ruhige Musik eingespielt werden.*

## 2. Leuchten, weil wir beschienen werden

*Für diese Stilleübung ist es gut, bei Mondschein im Freien zu sein. Wenn das nicht möglich ist, dann sollte ein Mondbild in der Mitte des Kreises liegen oder als Dia gezeigt werden.*

*L spricht:*
Der Mond steht am Himmel.
Er erleuchtet mit seinem silbernen Licht die Finsternis der Nacht.

*Jetzt sollte gemeinsam ein Lied gesungen werden, z. B. »Der Mond ist aufgegangen« (S. 90). Eine/r beginnt die Melodie zu summen, die anderen summen mit. Wenn die Melodie zu Ende ist, wird das Lied gesungen.*

Im Licht des Mondscheins versuchen wir,
das Gesicht des Nachbarn, unserer Nachbarin zu erkennen.

Der Mond scheint,
weil er von der Sonne beschienen wird.
Wir leben und lieben,
weil Gott seine Güte, Freundlichkeit und Liebe
über uns leuchten lässt.

*Jetzt bietet es sich an, das Gedicht »Mondnacht« (S. 88) vorzutragen. Im Anschluss daran kann ein Abendlied gesungen oder ein Nachtgebet gesprochen werden.*

# Spiel und Aktion

## *1. Spiel: Der Mond*

**Vorbereitung:**

Kulissen zur Geschichte (S. 86) aus Pappe bauen: einen Eichbaum, einen Mond in vier Teilen, schwarzes Tuch als Hintergrund.

Die Geschichte spielen und die Dialoge sprechen. Alles andere durch pantomimisches Spiel darstellen.

## *2. Geländespiel bei Vollmond: Elfen und Trolle*

In einer Vollmondnacht versammeln sich alle auf einer Wiese. Es werden zwei Gruppen eingeteilt, die zahlenmäßig genau gleich sind: die Elfen (erhalten weiße Tücher zum Umhängen) und die Trolle. Außerdem gibt es eine/n Spielleiter/in. Die Trolle suchen sich ein Versteck. Die Elfen tanzen im Mondschein auf der Wiese. Der/die Spielleiter/in ruft irgendwann: »Trolle, zeigt euch!«
In dem Moment verstecken sich die Elfen im Gebüsch und im angrenzenden Wald. Die Trolle kommen hervor und suchen die Elfen, die durch ihre weißen Umhänge zu erkennen sind. Alle Elfen, die gefunden sind, kommen wieder auf die Lichtung. Wenn jeder Troll seine Elfe gefunden hat, tanzen sie gemeinsam den Tanz der Elfen und Trolle.

## *3. Der Mond wird dick und dünn*

Eine/r erzählt eine Fantasiegeschichte, in der immer wieder der Mond vorkommt, und zwar in den verschiedensten Formen. Je nachdem, in welcher Form der Mond erwähnt wird, führen die Teilnehmer/innen bestimmte Bewegungen aus, wie z. B.:

*Der Mond nimmt zu:* Alle knicken den Oberkörper nach links ab.
*Der Mond nimmt ab:* Alle knicken den Oberkörper nach rechts ab.
*Vollmond:* Alle kreisen in der Hüfte.
*Neumond:* Alle kauern sich auf dem Boden oder legen sich flach auf den Boden.

### *4. Nachtwanderung beim Schein der Mondsichel*

Wenn nur eine dünne Mondsichel am Himmel zu sehen ist, wird eine Nachtwanderung durchgeführt.

### *5. Der Mond dreht sich um die Erde*

Alle stehen im Kreis und drehen sich langsam. Sie sind die Erde. Eine/r ist der Mond und läuft in entgegengesetzter Richtung um den Kreis. Im Hintergrund hängt ein gelbes Tuch. Das ist die Sonne. Irgendwann im Laufen tippt er einem/einer aus dem Kreis auf die Schulter. Diese/r läuft hinter dem »Mond« her und versucht, ihn zu fangen. Wenn der Mond gefangen ist, muss er sich vor das gelbe Tuch zur »Sonne« setzen. Der Mond läuft zweimal um die Erde. (Wenn der Kreis groß ist, nur einmal.) Wenn er dann noch nicht gefangen ist, darf er sich in die Mitte der Erde retten. Der/die Fänger/in muss dann ausscheiden und zur Sonne gehen. Das Spiel wird so lange fortgesetzt, bis nur noch 5 Personen die Erde bilden.

# Sterne

## Einführung in das Symbol

Der Stern ist das Symbol des Himmels, mit dem sich Menschen am ehesten selbst identifizieren können. Sterne sind weder übermächtig wie die Sonne noch zu geheimnisvoll wie der Mond, und – es gibt ihrer so viele, dass sich jeder Mensch »seinen« Stern aussuchen kann.
Die Betrachtung eines Sternenhimmels erweckt in den Menschen das Gefühl der Grenzenlosigkeit und dennoch der Geborgenheit.
Wie die Sonne den Tag und der Mond das Jahr einteilt, so bestimmen die Sterne die Jahreszeiten. Der Stand der Sterne gibt sie an.
Der Stand der Sterne hat Menschen schon in alter Zeit dazu gebracht, in ihrer Stellung zueinander Bilder zu sehen und die einzelnen Sternbilder dementsprechend zu benennen. Dem Stand der Sterne zueinander wurden aber auch Einflüsse positiver oder negativer Art auf das Leben der Menschen zugesprochen. Die Sternkreiszeichen spielten bei vielen Völkern eine wichtige Rolle, wenn sie in den verschiedenen Kulturen auch unterschiedlich benannt wurden. Und in manchen Völkern herrschte auch der Glaube vor, dass je nach dem Sternkreiszeichen zum Jahresbeginn ein gutes oder ein schlechtes Jahr zu erwarten ist.
Um aus der Stellung der Sterne die Zukunft deuten zu können, bedurfte es der eigenständigen Zunft der Sterndeuter, heute Astrologen genannt. Sterndeuter gab und gibt es seit Menschengedenken. Sternenkundige waren weise Leute, die aus der Konstellation der Sterne die Zukunft voraussagen konnten.
Noch heute lassen sich Menschen ihr »Horoskop« aus der Stellung der Sterne sagen. Verschiedene Redensarten deuten darauf hin, z. B. »unter einem guten Stern geboren sein«.
Bevor es den Kompass gab, waren es die Sterne, nach denen sich Menschen in der Nacht in unwegsamem Gebiet, auf dem Meer und auf dem Land orientierten. Sterne sind Wegweiser.
Stern als Wegweiser, das erinnert an die Geschichte der Sterndeuter im Matthäusevangelium: »Wir haben seinen Stern gesehen und sind ihm gefolgt.« Dem Stern Jesu folgen, das erinnert auch an den Auftrag der Nachfolge, der an jeden Christen ergeht.
Viele Menschen folgen heute anderen »Sternen«, wenn sie einen bestimmten »Star« als Idol vergöttern.
»Ein Stern leuchtet auf in der Dunkelheit« – dieser Satz vermittelt etwas von dem Trost, den das Licht der Sterne in dunkler Nacht vermitteln kann. Sterne sind Hoffnungszeichen.

## Biblische Bezüge

### *1. Die Vielzahl der Sterne*

| | | | |
|---|---|---|---|
| Genesis | 15,5 | Psalm | 147,1–5 |

### *2. Der Stern als Zeichen*

| | | | |
|---|---|---|---|
| Numeri | 24,16–17 | Matthäus | 2,1–11 |

## Geschichten/Texte

### *1. Es stehen viele Sterne*

Es stehen viele Sterne
hoch über unsrer Welt,
und jeder dieser Sterne
ist eine Welt, die zählt.

Es leuchten hell die Sterne.
So wird die dunkle Nacht
doch durch das Licht der Sterne
ein wenig hell gemacht.

Es waren all die Sterne
von Anfang an schon da.
Es sind dieselben Sterne,
die vor uns jeder sah.

Um all die vielen Sterne
als Zeichen zu verstehn,
erklären sie dir gerne.
Du brauchst nur hochzusehn!

*Rolf Krenzer*

Aus: Rolf Krenzer, Gott segne dich und segne mich.

## *2. Sterntaler*

Es war einmal ein kleines Mädchen, dem waren Vater und Mutter gestorben, und es war so arm, dass es kein Kämmerchen mehr hatte, darin zu wohnen, und kein Bettchen mehr, darin zu schlafen, und endlich gar nichts mehr als die Kleider auf dem Leib und ein Stückchen Brot in der Hand, das ihm ein mitleidiges Herz geschenkt hatte. Es war aber gut und fromm. Und weil es von aller Welt verlassen war, ging es im Vertrauen auf den lieben Gott hinaus ins Feld. Da begegnete ihm ein armer Mann, der sprach: »Ach, gib mir etwas zu essen, ich bin so hungrig.« Es reichte ihm das ganze Stückchen Brot und sagte: »Gott segne dir's«, und ging weiter. Da kam ein Kind, das jammerte und sprach: »Es friert mich so an meinem Kopfe, schenk mir etwas, womit ich ihn bedecken kann.« Da tat es seine Mütze ab und gab sie ihm. Und als es noch eine Weile gegangen war, kam wieder ein Kind und hatte kein Leibchen an und fror. Da gab es ihm seins; und noch weiter, da bat eins um ein Röcklein, das gab es auch von sich hin. Endlich gelangte es in einen Wald, und es war schon dunkel geworden; da kam noch eins und bat um ein Hemdlein, und das fromme Mädchen dachte: Es ist dunkle Nacht, da sieht dich niemand, du kannst wohl dein Hemd weggeben, und zog das Hemd ab und gab es auch noch hin.

Und wie es so stand und gar nichts mehr hatte, fielen auf einmal die Sterne vom Himmel und waren lauter blanke Taler – und ob es gleich sein Hemdlein weggegeben, so hatte es ein neues an, und das war vom allerfeinsten Linnen. Da sammelte es sich die Taler hinein und war reich für sein Lebtag.

*Brüder Grimm*

## 3. *Eine Wintergeschichte*

Es war einmal ein Mann. Er besaß ein Haus, einen Ochsen, eine Kuh, einen Esel und eine Schafherde.
Der Junge, der die Schafe hütete, besaß einen kleinen Hund, einen Rock aus Wolle, einen Hirtenstab und eine Hirtenlampe.
Auf der Erde lag Schnee. Es war kalt, und der Junge fror. Auch der Rock aus Wolle schützte ihn nicht.
»Kann ich mich in deinem Haus wärmen?«, bat der Junge den Mann. »Ich kann die Wärme nicht teilen. Das Holz ist teuer«, sagte der Mann und ließ den Jungen in der Kälte stehen. Da sah der Junge einen großen Stern am Himmel. Was ist das für ein Stern?, dachte er.
Er nahm seinen Hirtenstab, seine Hirtenlampe und machte sich auf den Weg.
»Ohne den Jungen bleibe ich nicht hier«, sagte der kleine Hund und folgte seinen Spuren.
»Ohne den Hund bleiben wir nicht hier«, sagten die Schafe und folgten seinen Spuren.
»Ohne die Schafe bleibe ich nicht hier«, sagte der Esel und folgte ihren Spuren.
»Ohne den Esel bleibe ich nicht hier«, sagte die Kuh und folgte seinen Spuren.
»Ohne die Kuh bleibe ich nicht hier«, sagte der Ochse und folgte ihren Spuren.
»Es ist auf einmal so still«, dachte der Mann, der hinter seinem Ofen saß. Er rief nach dem Jungen, aber er bekam keine Antwort. Er ging in den Stall, aber der Stall war leer. Er schaute in den Hof hinaus, aber die Schafe waren nicht mehr da.
»Der Junge ist geflohen und hat alle meine Tiere gestohlen«, schrie der Mann, als er im Schnee die vielen Spuren entdeckte.
Doch kaum hatte der Mann die Verfolgung aufgenommen, fing es an zu schneien. Es schneite dicke Flocken. Sie deckten die Spuren zu. Dann erhob sich ein Sturm, kroch dem Mann unter die Kleider und biss ihn in die Haut. Bald wusste er nicht mehr, wohin er sich wenden sollte.
Der Mann versank immer tiefer im Schnee. »Ich kann nicht mehr!«, stöhnte er und rief um Hilfe.
Da legte sich der Sturm. Es hörte auf zu schneien, und der Mann sah einen großen Stern am Himmel. Was ist das für ein Stern?, dachte er.

Der Stern stand über einem Stall, mitten auf dem Feld. Durch ein kleines Fenster drang das Licht einer Hirtenlampe.
Der Mann ging darauf zu. Als er die Tür öffnete, fand er alle, die er gesucht hatte, die Schafe, den Esel, die Kuh, den Ochsen, den kleinen Hund und den Jungen.
Sie waren um eine Krippe versammelt. In der Krippe lag ein Kind. Es lächelte ihm entgegen, als ob es ihn erwartet hätte.
»Ich bin gerettet«, sagte der Mann und kniete neben dem Jungen vor der Krippe nieder.
Am anderen Morgen kehrten der Mann, der Junge, die Schafe, der Esel, die Kuh, der Ochse und auch der kleine Hund wieder nach Hause zurück.
Auf der Erde lag Schnee. Es war kalt. »Komm ins Haus«, sagte der Mann zu dem Jungen, »ich habe Holz genug. Wir wollen die Wärme teilen.«

*Max Bolliger*



## 4. Die Sterne

Am späten Abend gingen Solomon und Mangaliso spazieren. Der Alte führte den Jungen an der Hand. Die Sterne über ihnen leuchteten hell und klar. Kein Wind bewegte die Bäume. Die Vögel schliefen alle, nur einige Frösche quakten.
»Warum sieht man die Sterne nur in der Nacht?«, fragte Mangaliso.
»Weil am Tag die Sonne zu hell ist.«
»Wo kommt das Licht der Sterne her?«
»Gott hat den Engeln befohlen, den Boden des Himmels mit Nadelstichen zu durchlöchern, damit etwas Licht von seiner Wohnung auf unsere Erde fällt.«
Mangaliso rief: »Oh, wenn die Löcher doch etwas größer wären!«

*Albert Herold*

## 5. Die Legende vom vierten König

Außer Caspar, Melchior und Balthasar war auch ein vierter König aus dem Morgenland aufgebrochen, um dem Stern zu folgen, der ihn zu dem göttlichen Kind führen sollte. Dieser vierte König hieß Coredan. Drei wertvolle rote Edelsteine hatte er zu sich gesteckt und mit den drei anderen Königen einen Treffpunkt vereinbart. Doch Coredans Reittier lahmte unterwegs. Es kam nur langsam voran, und als er bei der hohen Palme eintraf, war er allein. Nur eine kurze Botschaft, in den Stamm des Baumes eingeritzt, sagte ihm, dass die anderen drei ihn in Betlehem erwarten würden.
Coredan ritt weiter, ganz in seinen Wunschträumen versunken. Plötzlich entdeckte er am Wegrand ein Kind, bitterlich weinend und aus mehreren Wunden blutend. Voll Mitleid nahm er das Kind auf sein Pferd und ritt in das Dorf zurück, durch das er zuletzt gekommen war. Er fand eine Frau, die das Kind in Pflege nahm. Aus seinem Gürtel nahm er einen Edelstein und vermachte ihn dem Kind, damit sein Leben gesichert sei.
Doch dann ritt er weiter, seinen Freunden nach. Er fragte die Menschen nach dem Weg, denn den Stern hatte er verloren. Eines Tages erblickte er den Stern wieder, eilte ihm nach und wurde von ihm durch eine Stadt geführt. Ein Leichenzug begegnete ihm. Hinter dem Sarg schritt eine verzweifelte Frau mit ihren Kindern. Coredan sah sofort, dass nicht allein die Trauer um den Toten diesen Schmerz hervorrief. Der Mann und der Vater wurde zu Grabe getragen. Die Familie war in Schulden geraten, und vom Grabe weg sollten die Frau und die Kinder als Sklaven verkauft werden. Coredan nahm den zweiten Edelstein, der eigentlich dem neugeborenen König zugedacht war, aus seinem Gürtel. »Bezahlt, was ihr schuldig seid, kauft euch Haus und Hof und Land, damit ihr eine Heimat habt!« Er wendete sein Pferd und wollte dem Stern entgegenreiten – doch dieser war erloschen. Sehnsucht nach dem göttlichen Kind und tiefe Traurigkeit überfielen ihn. War er seiner Berufung untreu geworden? Würde er sein Ziel nie erreichen?
Eines Tages leuchtete ihm sein Stern wieder auf und führte ihn durch ein fremdes Land, in dem Krieg wütete. In einem Dorf hatten Soldaten die Bauern zusammengetrieben, um sie grausam zu töten. Die Frauen schrien und die Kinder wimmerten. Grauen packte den König Coredan, Zweifel stiegen in ihm auf. Er besaß nur noch einen Edelstein – sollte er denn mit leeren Händen vor dem König der Menschen erscheinen?

Doch dies Elend war so groß, dass er nicht lange zögerte, mit zitternden Händen seinen letzten Edelstein hervorholte und damit die Männer vor dem Tode und das Dorf vor der Verwüstung loskaufte. Müde und traurig ritt Coredan weiter. Sein Stern leuchtete nicht mehr. Jahrelang wanderte er. Zuletzt zu Fuß, da er auch sein Pferd verschenkt hatte. Schließlich bettelte er, half hier einem Schwachen, pflegte dort Kranke; keine Not blieb ihm fremd. Und eines Tages kam er am Hafen einer großen Stadt gerade dazu, als ein Vater seiner Familie entrissen und auf ein Sträflingsschiff, eine Galeere, verschleppt werden sollte. Coredan flehte um den armen Menschen und bot sich dann selbst an, anstelle des Unglücklichen als Galeerensklave zu arbeiten.
Sein Stolz bäumte sich auf, als er in Ketten gelegt wurde. Jahre vergingen. Er vergaß, sie zu zählen. Grau war sein Haar, sein zerschundener Körper müde geworden. Doch irgendwann leuchtete sein Stern wieder auf. Und was er nie zu hoffen gewagt hatte, geschah. Man schenkte ihm die Freiheit wieder; an der Küste eines fremden Landes wurde er an Land gelassen.
In dieser Nacht träumte er von seinem Stern, träumte von seiner Jugend, als er aufgebrochen war, um den König aller Menschen zu finden. Eine Stimme rief ihn: »Eile, eile!«
Sofort brach er auf, er kam an die Tore einer großen Stadt. Aufgeregte Gruppen von Menschen zogen ihn mit, hinaus vor die Mauern. Angst schnürte ihm die Brust zusammen. Einen Hügel schritt er hinauf. Oben ragten drei Kreuze, Coredans Stern, der ihn einst zu dem Kind führen sollte, blieb über dem Kreuz in der Mitte stehen, leuchtete noch einmal auf und war dann erloschen.
Ein Blitzstrahl warf den müden Greis zu Boden.
»So muss ich also sterben«, flüsterte er in jäher Todesangst, »sterben, ohne dich gesehen zu haben? So bin ich umsonst durch die Städte und Dörfer gewandert wie ein Pilger, um dich zu finden, Herr?« Seine Augen schlossen sich. Die Sinne schwanden ihm. Da aber traf ihn der Blick des Menschen am Kreuz, ein unsagbarer Blick der Liebe und Güte. Vom Kreuz herab sprach die Stimme: »Coredan, du hast mich getröstet, als ich jammerte, und gerettet, als ich in Lebensgefahr war; du hast mich gekleidet, als ich nackt war!«
Ein Schrei durchbebte die Luft – der Mann am Kreuz neigte das Haupt und starb.
Coredan erkannte mit einemmal: Dieser Mensch ist der König der Welt. Ihn habe ich gesucht in all den Jahren. Er hatte ihn nicht vergebens gesucht; er hatte ihn doch gefunden.

## *6. Die Sternseherin Lise*

Ich sehe oft um Mitternacht,
Wenn ich mein Werk getan,
Und niemand mehr im Hause wacht,
Die Stern am Himmel an.

Sie gehn da, hin und her zerstreut,
Als Lämmer auf der Flur,
In Rudeln auch und aufgereiht
Wie Perlen an der Schnur,

Und funkeln alle weit und breit,
Und funkeln rein und schön;
Ich seh' die große Herrlichkeit
Und kann mich satt nicht sehn ...

Dann saget unterm Himmelszelt
Mein Herz mir in der Brust:
»Es gibt was Bessers in der Welt
Als all ihr Schmerz und Lust.«

Ich werf' mich auf mein Lager hin
Und liege lange wach
Und suche es in meinem Sinn
Und sehne mich darnach.

*Matthias Claudius*

## *7. Kleine Erde*

Die Welt ist groß.
Die Erde ist bloß
ganz klein.
Sieh in den Himmel hinein,
wenn es klar ist und dunkel:
Das Sternengefunkel
erzählt dir von Weiten
und Ewigkeiten.

*Michael Kumpe*



## Lieder/Tanz und Musik

### *1. Er leuchtet still*

T: Wolfgang Longardt M: Detlev Jöcker


**Tanzbeschreibung:**

Alle stehen im Kreis und halten sich an den Händen. Zur ersten Zeile werden die Arme gehoben, bei der letzten Zeile wieder gesenkt. Als Kanontanz in zwei oder vier Kreisen ineinander tanzen.

Schrittfolge: langsame halbe Noten.
Rechts seit, kreuzt hinten, seit, links anstellen, rechts wiegen. Dann von vorne.

## *2. Abendlied*

Text: Rolf Krenzer


Musik: Ludger Edelkötter


**Tanzbeschreibung:**

Alle stehen im Kreis und halten auf den Handflächen brennende Teelichter. Schrittfolge: langsame halbe Noten.

Teil 1: Die Hände werden nach oben geführt.
Teil 2a: Vier Schritte in die Mitte.
Teil 2b: Langsam um sich selbst drehen.
Teil 3: Vier Schritte zurückgehen, dabei Arme senken und stehen bleiben. Dann von vorne.

## *3. Morgenstern der finstern Nacht*

Gotteslob Nr. 555.

## *4. Werde still und staune*

2. Werde froh und hoffe:
   Gott will mit uns sein.
   Alle Menschen lädt er ein
   und der Stern singt Liebe.

3. Werde neu und liebe:
   Gott will Retter sein,
   uns aus Schuld und Angst befrein.
   Und der Stern singt Friede.

T: Christa Peikert-Flaspöhler M: Chris Herbring
Aus: CD 904 »Wir öffnen unsere Herzen«


**Tanzbeschreibung:**

Alle stehen im Kreis, ohne sich anzufassen. Schrittfolge: halbe Noten.

1. Zeile: Auf dem Platz hin und her wiegen: rechts-links, rechts-links.
2. Zeile: Vier Schritte in die Mitte gehen. Mit den Armen in der Mitte sternförmig zusammenkommen.
3. Zeile: Vier Schritte dreht sich der Sternenkreis links herum.
4. Zeile: Vier Schritte zurück in den großen Kreis.

## *5. Mitten in der Nacht*

Text: Rolf Krenzer
© Rolf Krenzer Erben, Dillenburg
Musik: Ludger Edelkötter
© KiMu Kinder Musik Verlag GmbH, 50259 Pulheim.

**Tanzbeschreibung:**

Bändertanz. Alle stehen im Kreis. Immer zwei halten gemeinsam ein gedrehtes Band aus gelbem Krepppapier so, dass sich die Bänder in der Mitte kreuzen und einen Stern bilden.
Alle halten mit der linken Hand ihr Bandende, Gesicht auf der Kreisbahn geradeaus.
Als Kanontanz in 2–4 Kreisen nebeneinandertanzen.

Teil 1: Acht Schritte vorwärts, rechts beginnt. Bänder in Hüfthöhe halten.
Teil 2: Acht Schritte vorwärts, dabei die Bänder hochheben.
Teil 3: Acht Schritte vorwärts, dabei Bänder rhythmisch gleichmäßig heben und senken.
Teil 4: Acht Schritte vorwärts, dabei Bänder senken.

## *6. Sternentanz*

| | |
|---|---|
| Musik: | im 4/4 Takt, mittleres Tempo (z. B. höfische Tanzmusik) |
| Schrittfolge: | Schreiten in 1/4 |
| Aufstellung: | in einer Kette, die rechte Hand auf der linken Schulter der vorderen Person. |

1. Teil: Sechzehn Schritte in einer Acht gehen.
2. Teil: Vier Schritte, um kleine Kreise zu 5 Personen bilden, Front nach rechts auf der Kreisbahn die linken Arme in der Mitte zusammenführen, die rechten seitlich nach außen strecken, acht Schritte im Kreis als »Stern gehen«, dann Formation lösen, vier Schritte wieder zurück in die Kette.
3. Teil: Wie Teil 1.
4. Teil: Wie Teil 2, nur anders (links herum).

## *7. Verklanglichung: Eine Wintergeschichte*

| **Text:** | **Verklanglichung:** |
|---|---|
| Mann | *tiefe Töne auf dem Xylofon* |
| Haus | *4 Schläge auf der Holzblocktrommel* |
| Ochse | *große Handtrommel* |
| Kuh | *kleine Handtrommel* |
| Esel | *Holzröhrentrommel* |
| Schafe | *Schellenkranz* |
| Junge | *hohe Töne auf dem Xylofon* |
| Hund | *Klanghölzer* |
| Schnee/Schneesturm | *Töne im Arpeggio auf dem Metallofon* |
| Stern | *Triangel* |

## 8. Verklanglichung: Sterntaler

| **Text:** | **Verklanglichung:** |
|---|---|
| Das Mädchen | *eine Melodie auf dem Xylofon* |
| Armer Mann | *Schläge mit Watteschlegel auf Handtrommel* |
| 1. frierendes Kind | *Rumbarasseln* |
| 2. frierendes Kind | *Schellenkranz* |
| 3. frierendes Kind | *schnelle Schläge mit Klanghölzern* |
| Sterne fallen vom Himmel | *einzelne Töne auf dem Glockenspiel von oben nach unten* |

## 9. Verklanglichung: Kleine Erde

| **Text:** | **Verklanglichung:** |
|---|---|
| »Die Welt ist so groß.« | *Beckenschlag* |
| »Die Erde ist bloß ganz klein.« | *Fingerzimbeln* |
| »Sieh in den Himmel.« | *schnelle, weiche Schläge mit Watteschlegel auf Handtrommel* |
| Sternengefunkel | *unterschiedliche Töne auf dem Glockenspiel* |

## Bilder

- Fotos von Sternen und Sternbildern
- Foto eines Sternenhimmels
- Vincent van Gogh: Die Sternennacht
- Edward Munch: Sternennacht
- Walter Habdank: Abraham
- Walter Habdank: Die vier Könige (Ausschnitt: Stern)

## Gestalten/Malen/Basteln

### *1. Gestaltung der Mitte*

- gelb gefärbte Tuchstreifen in Sternform übereinandergelegt
- Sterne oder ein Stern aus Goldpapier oder Stroh auf dunklem Untergrund
- ein Mobile aus Mond und Sternen, das von der Decke tief herunterhängt über einem dunklen Untergrund
- die künstlerische Darstellung eines Sternenhimmels

### *2. Bilder malen*

**Material:**

Buntstifte/Wasserfarbe/Öl/Kreiden usw., Pinsel, Papier

Folgende Themen eignen sich zum Malen:

- Drei Könige folgen dem Stern
- Unser Stern
  Diesem Bild voran sollten gemeinsame oder einzelne Überlegungen zu dem Gedanken vorausgehen: Welchen Sternen folgen wir? Wer oder was ist unser Stern?
- Landschaft mit Sternenhimmel
- Weihnachtsbild mit Weihnachtsstern
  Der Gestaltung dieses Bildes kann ein meditatives Hören des Liedes »Werde still und staune« (S. 112) vorangehen.
- Sternenhimmel
  Die Sterne werden mit gelben Wachsmalkreiden auf das Blatt gemalt. Dann wird darüber mit Wasserfarben der dunkle Nachthimmel gemalt.
  Oder ein Blatt wird mit gelber Farbe grundiert und ganz mit Wachsmalfarben dunkel bedeckt. Dann werden die Sterne mit einem Schaber aus der dunklen Oberfläche herausgeschabt.

## *3. Bilder nachmalen*

**Material:**

Farben, Stifte, Papier aller Art

Folgende Bilder eignen sich gut zum Nachmalen:
- Vincent van Gogh: Die Sternennacht
- Edward Munch: Sternennacht

## *4. Sternbilder malen*

Nach der Beobachtung von Sternbildern in der Natur oder im Fachbuch werden die einzelnen Sternbilder auf dunkles Tonpapier mit gelber Kreide gemalt.

## *5. Strohsterne basteln*

Strohsterne können in vielfältiger Weise aus runden Strohhalmen gebunden oder aus glatt gebügelten Strohhalmen geklebt werden.

## *6. Sternenkerzenständer*

Aus gelber Pappe oder einem mit Goldpapier beklebten Bierdeckel wird ein sternförmiger Untergrund geschnitten, auf den ein Teelicht geklebt wird.

## *7. Weihnachtsstern basteln*

Aus Holz wird ein sternförmiger Rahmen in zweifacher Ausfertigung hergestellt. Beide Teile werden dann mit hölzernen Querstreben verbunden. Dann werden die Seiten mit gelbem Transparentpapier verkleidet, und der Stern wird mit einer kleinen Birne und einer Batterie am Stab von innen her erleuchtet.

### *8. Sternenmobile*

Aus Goldpapier werden Sterne mit unterschiedlichem Durchmesser (2–5 cm, jeweils zweifach) geschnitten. An einem 20 cm langen Rundholz werden drei bis vier dunkle Wollfäden befestigt, und auf diese Wollfäden werden in unterschiedlichen Abständen die goldenen Sterne von beiden Seiten geklebt. In der Mitte des Holzes wird ein Bindfaden befestigt, mit dem man das Mobile an der Decke aufhängen kann.

### *9. Gestaltung: Stern*

In die Mitte des Raumes werden zwei gelbe Tücher quadratisch versetzt übereinandergelegt, sodass ein großer, gelber Stern zu sehen ist. In den Mittelpunkt wird eine bunte Kugel oder ein Ring gelegt, um die/den herum Strahlen in verschiedenen Farben und mit verschiedenen Materialien gelegt werden können. Am Ende der Strahlen werden wieder kleine Sterne aus unterschiedlichen Materialien gestaltet, sodass auf dem gelben Tuchstern ein bunter Stern entsteht, der in viele kleine Sterne mündet.

### *10. Sternenhimmel legen*

Auf dem Boden werden dunkelblaue Tücher ausgebreitet und darauf Sterne aus Stroh und Goldpapier gelegt, sodass ein Sternenhimmel entsteht. Wenn man sich vorher mit Sternbildern beschäftigt hat, kam man auch gezielt diese Sternbilder mit den Sternen legen.

### *11. Sternenlichter*

Jeder erhält ein brennendes Teelicht. Nach dem Lied »Werde still und staune« (S. 112) oder »Abendlied« (S. 111) oder »Er leuchtet still« (S. 110) sind alle eingeladen, eine Bitte oder einen Dank auszusprechen und ihr Teelicht in der Mitte abzustellen, sodass die Form eines Sternes als Gesamtbild entsteht. (Dieser Stern kann auch vorher durch Kreide angedeutet werden.)

### *12. Sterne aus Goldpapier*

Aus Goldpapier können in vielfältiger Weise Sterne gefaltet oder ausgeschnitten werden.

## Stilleübungen

*L = Leiter/in; TN = Teilnehmer/in. Jede freie Zeile im Sprechtext bedeutet eine längere Sprechpause.*

### *1. Der Stern*

*Alle sitzen im Kreis. In der Mitte liegt ein gebastelter Stern.*

*L spricht:*

In der Mitte sehen wir einen Stern.
Sterne sind Zeichen der Hoffnung.
Sterne lassen uns daran glauben,
dass unsere Sehnsüchte ein Ziel haben.
Sterne sind Wegweiser.
Sterne lassen uns die Unendlichkeit des Weltalls ahnen.

Von all dem spricht auch das folgende Gedicht:
*Die Sternseherin Lise (S. 109).*

### *2. Er leuchtet still*

In der Mitte des Kreises liegt ein Stern aus sechs überkreuzten, 10–15 cm breiten gelben Tuchstreifen.
Die Melodie des Liedes »Er leuchtet still« (S. 110) wird mehrmals gesummt, bis alle mitsummen können, und dann öfter gesungen.
12 der TN gehen zu je einem Sternende und heben den Stern langsam in die Höhe. Dann gehen sie zum Lied langsam im Kreis herum.
Nach zweimaligem Durchsingen wird der Stern wieder hingelegt und evtl. von einer zweiten Gruppe getanzt.

### *3. Einem Stern folgen*

Alle stehen in einer Reihe.

Eine/r trägt einen leuchtenden Stern der Reihe voran. Dann folgen alle dem Stern in langsamem Schritt zu einem Lied, das wieder erst gesummt und dann gesungen wird. Bei Strophenliedern kann die Melodie nach jeder Strophe gesummt werden.
Liedvorschlag: »Er leuchtet still« (S. 110) oder »Werde still und staune« (S. 112).

### *4. Betrachtung des Sternenhimmels*

Alle stehen draußen im Kreis und schauen sich einen Moment in Ruhe den Sternenhimmel an.

Der Text »Kleine Erde« (S. 110) wird gelesen.
Das Lied »Abendlied« (S. 111) wird gemeinsam gesungen und getanzt.

Falls es nicht möglich ist, diese Übung im Freien zu machen, kann auch ein Dia vom Sternenhimmel gezeigt werden. Der Tanz zum Lied sollte dann als Lichtertanz mit Teelichtern getanzt werden.

## Spiel und Aktion

### *1. Stern über Betlehem*

| **Text:** | **Spielanleitung:** |
|---|---|
| Jeden Abend leuchten am Himmel viele tausend Sterne auf. | *Alle Mitspieler sitzen in der Hocke am Boden. Sie stehen langsam auf:* |
| Rund sind sie. | *Sie formen mit den Händen einen Kreis.* |
| Sie ziehen ihre Bahn. | *Sie drehen sich im Kreis.* |
| Sie leuchten und verteilen ihre Strahlen. | *Sie halten ihre Arme hoch.* |

Sie sehen immer wieder
anders aus.
Schön sind sie, die Sterne,
in dunkler Nacht.

*Sie breiten die Arme aus.*
*Sie erfinden verschiedene*
*Sternformen.*

Manchmal verdecken
Wolken die Sterne.
Dann sieht man sie nicht.

*Alle setzen sich wieder*
*in die Hocke – bleiben*
*etwas in Ruhestellung.*

Wenn der Wind die Wolken
fortbläst, kann man sie
wieder sehen.
Kleine und große Sterne
gibt es. Ohne zu ruhen,
ziehen sie am Himmel ihre
Bahn.

*Nun erheben sie sich*
*wieder. Zwei oder drei*
*bilden zusammen*
*einen Stern und drehen*
*sich im Kreis.*

In einer Nacht erscheint am
Himmel ein ganz großer,
leuchtender Stern. Wie eine
Blume, wie eine Sonne
leuchtet er auf. Die Menschen
blicken zum Himmel
auf und fragen:
Was bedeutet dieser Stern?
Kommt Unheil über uns
oder kommt der Himmel,
der Frieden auf die Erde?

*Alle bilden zusammen*
*einen Stern.*
*Sie gehen im Kreis.*
*Sie halten die Arme hoch.*

*Sr. Ester Kaufmann*

## *2. Im Advent*

**Vorspiel:**

Balthasar (B): Ich schau in langen Nächten
empor zum Himmelszelt
und denk, die Sterne brächten
Hoffnung in diese Welt.

Kaspar (K): Ich seh die Finsternisse
und zittere dabei,
ob nur das Ungewisse
oder ob da Hoffnung sei.

Melchior (M): Ich starr in Dunkelheiten.
Es glitzern kalt die Stern'.
Ob ich zu meinen Zeiten
erkenne Gott, den Herrn?

**Spielszene:**

*(Teleskope am Fenster, drei Männer stehen, einander zugewandt)*

**M:** Ich geb's auf. So viele Stunden jede Nacht starre ich durch das Glas. Warten. Warten. Und was kommt dabei heraus?

**K:** Rote, entzündete Augen. Und am Morgen kommst du kaum aus den Federn, so müde bist du noch.

**B:** Aber es steht doch in den Schriften geschrieben. Die alten Schriftrollen lassen keinen Zweifel. Ein Stern wird aufgehen am Himmel. Und dann ...

**K:** Ja, ja. Wir wissen es ja. Und dann. Und dann. Und wann wird das sein? Wann wird dieser Tag »und dann« endlich kommen? Wann, wann ...

**B:** sagte der Nachtwächter und legte sich auf's Ohr. Genau in jener Nacht kamen die Diebe und brachen ein.

**M:** Also ich, ich mache heute früher Schluss. Ob ich morgen Abend überhaupt komme, das weiß ich noch nicht. Meine Frau will schon lange unsere Freunde einladen. Ich denke, ich werde gehen.

**B:** Es ist noch nicht sehr spät. Lasst es uns noch einmal versuchen.

**K:** Von mir aus. Auf mich wartet sowieso keiner.

**B:** Komm, Melchior, mach weiter mit. Die Zeit hat sich erfüllt. Nach all dem, was wir wissen, kann es nicht mehr lange dauern.

**M:** Das hast du schon vor Jahren gesagt.

**B:** Der Messias wird kommen. Er wird erscheinen. Ich glaube fest daran.

**M:** Auch das sagst du uns schon jahrelang, Balthasar. Aber ich bin es leid. Ich will nicht länger darauf warten. Andere machen sich eine vergnügte Zeit, gehen aus, hören Musik, tanzen, feiern. Und wir hocken Nacht für Nacht vor dem Teleskop und starren in die Feme. Meine Nachbarn nennen mich schon den Sternengucker, den Hans-guck-in-die-Luft. Die eigenen Kinder beginnen, über mich zu lachen. Ich bin mit der Sache fertig. Ich kann nicht mehr. Ich mache Schluss.

**K:** Aber Balthasar könnte recht haben. Nimm einmal nur für einen Augenblick an, er könnte recht haben.

**M:** Das ist es ja, was mich fast krank macht.

**K:** Du schaust nicht für dich allein nach vorn. Du versuchst nicht für dich allein, die Dunkelheit zu durchdringen. Für deine Frau tust du das, für deine Kinder, für deine Nachbarn auch. Woher sollen es die Menschen denn erfahren, Melchior, wenn der Messias wirklich kommt? Wenn der Tag endlich gekommen ist, an dem ER in unsere Welt kommt?

**M:** Also gut, ich bleibe für heute. Ich versuche es noch einmal. Mehr euch zuliebe.

**B:** *(ist inzwischen zum Teleskop gegangen, tritt erschrocken zurück, stammelt)*
Ich sehe was. Ich hab was im Glas.
Etwas Unmögliches. Ich, ich ...
*(Alle stürzen zu ihren Teleskopen.)*

**B:** Da, über dem Horizont. Genau im Osten.

**M:** Ein neuer Stern.

**K:** Einen leuchtenden Schweif zieht er hinter sich her.

**M:** Strahlendes Licht.

**K:** Die Nacht wird hell.

**B:** Das Zeichen! Endlich das versprochene Zeichen.
*(Sie blicken auf, fallen sich in die Arme.)*

**M:** Morgen brechen wir auf. Der Stern wird uns den Weg zeigen.

**K:** Aber du wolltest morgen mit deiner Frau und deinen Freunden zusammensein.

**M:** Das ist wichtig. Aber was wir hoffen, was wir erwarten, das ist wichtiger.

**B:** Und du, Kaspar, du gehst doch auch mit uns?

**K:** Sicher. Auf mich wartet sowieso keiner.

**B:** Doch. Jetzt wartet einer auf dich. Ganz gewiss wartet ER auf uns alle.

**Nachspiel:**

**M:** Ein Stern ist aufgegangen,
sein Licht durchstrahlt die Nacht.
Das Heil hat angefangen,
hat Hoffnung uns gebracht.

**B:** Gefesselt und gefangen
warn wir in unsrer Zeit.
Der Stern ist aufgegangen,
hat endlich uns befreit.

**K:** Wir folgen seinen Wegen,
uns führt sein heller Schein.
Der Herr kommt uns entgegen,
will unser Bruder sein.

*Willi Fährmann*

### *3. Szenisches Spiel: Sterntaler*

Die Geschichte (S. 104) vorlesen und dazu pantomimisch spielen. Verkleidung: nach Belieben, auch mit bunten Tüchern. Die goldenen Taler aus gelber Pappe oder Goldpapier basteln.

### *4. Tischtheater: Eine Wintergeschichte*

Wie in der Geschichte (S. 105) beschrieben, werden auf einem Tisch aus Watte und Pappe eine Schneelandschaft und das Haus, der Stall usw. ausgelegt. Figuren: Der Mann, der Junge, die Tiere, der Stern werden gebastelt (aus Pfeifenputzern, dann mit Stoffresten bekleidet oder aus Papprollen oder aus Knete usw.). Dann wird die Handlung auf dem Tisch nachgespielt.

### *5. Szenisches Spiel: Die Legende vom vierten König*

Die Legende (S. 107) wird von Personen nachgespielt. Die Bühnenbilder können als Hintergrund auf weiße Betttücher gemalt oder aus Pappe hergestellt werden. Die Geschichte kann pantomimisch zum gelesenen Text nachgespielt werden, oder die Spielgruppe erfindet entsprechende Dialoge.

### *6. Nachtwanderung*

Gemeinsam wird eine Nachtwanderung durchgeführt. An einem geeigneten Ort (Lichtung, auf einem Berg) wird gemeinsam der Sternenhimmel betrachtet und versucht, Sternbilder zu entdecken.

### *7. Sternsingeraktion*

Die Sternsingeraktion wird in der Gemeinde organisiert und durchgeführt.

## *8. Einem Stern folgen*

Es wird versucht, bei einer Nachtwanderung einem bestimmten Stern zu folgen.

## *9. Sternspiel*

**Material:**

Ein großer Stern, der an einem Stab getragen werden kann.
Alle sitzen im Kreis. Ein/e Sternträger/in wandert im Kreis umher und bleibt schließlich vor einem/einer im Kreis stehen. Der/die Mitspieler/in im Kreis fragt: »Stern, du stehst am Himmel und funkelst. Was willst du uns sagen?« Der/die Sternträger/in antwortet: »Gott schickt mich als Zeichen. Ich soll euch zur Krippe führen, in der der neugeborene König liegt!« Der/die Mitspieler/in aus dem Kreis schließt sich nun dem/der Sternträger/in an. Sie bleiben vor dem/der nächsten stehen usw.

## *10. Sterne leuchten am Himmel*

Alle sitzen im Kreis. Eine/r erzählt und macht dabei die Bewegungen vor, die alle mitvollziehen:

| | |
|---|---|
| Der Himmel wölbt sich über das Land. | *Mit beiden Armen einen großen Halbkreis beschreiben.* |
| Sterne funkeln dort oben. | *Mit erhobenen Armen in der Luft mit den Fingern das Funkeln der Sterne nachahmen.* |
| Die Sterne erleuchten die Nacht. | *Eine/r zündet ein Teelicht auf einem Stern-Kerzenständer an und gibt das Licht nach und nach weiter, bis alle ein solches Licht halten.* |
| Die Sterne ziehen am Himmel | *Zu ruhiger Musik wandern nun alle hin. mit ihren Teelichtern durch den Raum. Am Ende der Musik setzen sich alle hin und löschen die Lichter.* |

## *11. Sternwarte besuchen*

Eine Sternwarte wird besucht und Informationen über Sternbilder gesammelt.

## *12. Geländespiel: Einem Stern folgen*

An einer bestimmten Stelle im Wald wird eine Hütte gebaut und darin eine Krippe angedeutet oder ein Schatz versteckt. Eine kleine Gruppe, die diesen Zielort kennt, geht mit einem Leuchtstern voran. In einer Entfernung, wo man den Stern noch sehen kann, bleiben sie stehen. Der Rest, die größere Gruppe, geht auf den Stern zu. Die Sternengruppe geht immer in einem gewissen Abstand voraus. Manchmal leuchtet der Stern, manchmal ist er nicht zu sehen. So wird die große Gruppe zu dem Stall im Wald geführt.

# Regenbogen

## Einführung in das Symbol

Durch das Licht der Sonne und den Wasserschleier des Regens entsteht das bunte Farbenspiel des Regenbogens. Nach Regen und Wolken verheißt er wieder Sonne. Der Bogen am Himmel entsteht durch die Begegnung zweier Elemente, die zunächst gegensätzlich erscheinen: Sonne und Regen. Aber gerade deshalb ist er eine Erscheinung, die auf alle Menschen faszinierend wirkt.
Seine Form deutet zunächst auf eine Kriegswaffe hin, den Bogen, mit dem Menschen vor der Erfindung von Pulver und Gewehr auf die Jagd und in den Krieg gegen andere Menschen zogen.
Aber diesem Bogen ist die Gefährlichkeit genommen: Ihm fehlen die tötenden Pfeile. Seine Sehne ist die Erde. Und wenn man sich wie im Weltbild früherer Kulturen die Erde als Scheibe vorstellt, dann ist der Regenbogen ein Zeichen, das die Erde umspannt und bis zum Himmel reicht.
Wen wundert es da noch, wenn in der Geschichte von Noach der Regenbogen zum Zeichen des Bundes zwischen Gott und den Menschen wurde? Unter dem Regenbogen leben, das bedeutet seither so viel wie: unter dem Schutz Gottes stehen.
Der Regenbogen ist ein Symbol des Glücks. In Erzählungen der Völker lesen wir öfters, dass an den Enden des Regenbogens, da, wo er die Erde berührt, ein Schatz verborgen ist. Aber wirklich erreicht hat niemand diese Enden, weil sie eben nicht erreichbar sind – außer in Träumen. Im Regenbogen spiegeln sich alle Farben der Welt, und dadurch ist er auch ein Symbol der Vollkommenheit, ein Zeichen, in dem sich das Leben widerspiegelt.
In den frühen Werken christlicher Kunst wird Christus als der Weltenrichter oft auf einem Regenbogen sitzend oder von einer regenbogenfarbigen Mandorla umgeben gezeigt. Damit wird die Einheit und der Übergang des Alten Bundes zum Neuen Bund in Jesus Christus verdeutlicht.
Auf neueren Darstellungen steht der Regenbogen oft sinnbildlich für den Aufruf zur Bewahrung der Schöpfung, für Frieden und als Zeichen der Verbundenheit der Menschen untereinander, nach dem Motto: »Wir leben unter dem gleichen Regenbogen«. Gemeint ist hier letztlich auch der Traum von einem glücklichen Leben, zu dem wir alle beitragen können und das unter dem Schutz Gottes steht.

## Biblische Bezüge

### *1. Der Regenbogen als Zeichen*

Genesis 9,12–17

### *2. Der Regenbogen als Bild für Gottes Herrlichkeit*

Ezechiel 1,28

## Geschichten/Texte

### *1. Unter dem Regenbogen*

Die Abendsonne verwöhnte die Augen mit ihrem späten Glanz, legte sich auf das Wasser, als wollte sie sich selber sonnen in einem Sommer, der keiner ist.
Dichter, kleiner Regen fiel mitten in die Strahlen, ich lehnte mich an das Geländer und sah, wie der Regenbogen wuchs, um sich endlich über die Horizonte zu spannen wie eine halbrunde Palette, oder als habe einer den Zirkel genommen und mit Aquarellfarben ein Kirchenfenster gezogen.
Ob wohl viele Menschen diesen Bogen sahen, der dann doppelt wurde und so lange stehen blieb, wie ich es noch nie erlebte?!
Da fiel mir wieder ein, dass der Bogen in den Völkern der Erde immer ein Zeichen des Friedens war:
zwischen Gott und den Menschen, zwischen Stämmen und Sippen, zwischen Erdteilen und Rassen.
Und als ich so dachte, war es, als begänne der Bogen zu reden:
»Seit Menschengedenken«, sprach er, »habe ich meinen Platz am Himmel, um euch Menschen klarzumachen, wie man Unverbundenes verbindet, Ungewisses gewiss macht, Unbegrenztes begrenzt, Unversöhnliches versöhnt, Ungeliebtes liebt.
Ich brauche die Sonne und den Regen, die beiden Elemente des Lebens. Denk darüber nach«, schien er zu sagen, »denk nach und begreife, was das für die Welt bedeutet!«
Und ich dachte und fand, dass die Welt voll ist von Unverbundenem, Ungewissem, Unversöhnlichem und Ungeliebtem.

Ich dachte an die Kinder unserer Zeit, ich dachte an die Opfer, an die Täter dachte ich und an den Hass.
»Du hast leicht reden«, sagte ich zum Regenbogen, »du überspannst die Enden der Erde und bist schon Zeichen.«
»Dann überspann du die Enden deines Alltags«, erwiderte der Regenbogen, »und nimm dazu die Elemente des Lebens: nicht Regen, nicht Sonne, sondern Tapferkeit und Liebe!«
Ich weiß noch, dass ich ihm versprach, es zu versuchen – nicht mehr und nicht weniger. Inzwischen aber träume ich davon, ein Leben unter dem Regenbogen zu führen zusammen mit Menschen, die tapfer sind und liebevoll; nicht nur im späten Glanz einer Abendsonne.
Der Regenbogen schwieg und verschwand, als Sonne und Regen fehlten, aber es blieb die Erkenntnis und verwöhnte das Gewissen mit neuem Glanz.

*Peter Spangenberg*



## 2. Frederick

Rund um die Wiese herum, wo Kühe und Pferde grasten, stand eine alte, alte Steinmauer. In dieser Mauer – nahe bei Scheuer und Kornspeicher – wohnte eine Familie schwatzhafter Feldmäuse. Aber die Bauern waren weggezogen. Scheuer und Kornspeicher standen leer. Und weil es bald Winter wurde, begannen die kleinen Feldmäuse, Körner, Nüsse, Weizen und Stroh zu sammeln. Alle Mäuse arbeiteten Tag und Nacht. Alle – bis auf Frederick.
»Frederick, warum arbeitest du nicht?«, fragten sie. »Ich arbeite doch«, sagte Frederick, »ich sammle Sonnenstrahlen für die kalten Wintertage.« Und als sie Frederick so dasitzen sahen, wie er auf die Wiese starrte, sagten sie: »Und nun, Frederick, was machst du jetzt?« – »Ich sammle Farben«, sagte er nur, »denn der Winter ist grau.« Und einmal sah es so aus, als sei Frederick halb eingeschlafen. »Träumst du, Frederick?«, fragten sie vorwurfsvoll. »Aber nein«, sagte er, »ich sammle Wörter. Es gibt viele lange Wintertage – und dann wissen wir nicht mehr, worüber wir sprechen sollen.«
Als nun der Winter kam und der erste Schnee fiel, zogen sich die fünf kleinen Feldmäuse in ihr Versteck zwischen den Steinen zu-

rück. In der ersten Zeit gab es noch viel zu essen, und die Mäuse erzählten sich Geschichten über singende Füchse und tanzende Katzen. Da war die Mäusefamilie ganz glücklich!
Aber nach und nach waren fast alle Nüsse und Beeren aufgeknabbert, das Stroh war alle, und an Körner konnten sie sich kaum noch erinnern. Es war auf einmal sehr kalt zwischen den Steinen der alten Mauer, und keiner wollte mehr sprechen. Da fiel ihnen plötzlich wieder ein, wie Frederick von Sonnenstrahlen, Farben und Wörtern gesprochen hatte. »Frederick!«, riefen sie. »Was machen deine Vorräte?« – »Macht die Augen zu«, sagte Frederick und kletterte auf einen großen Stein. »Jetzt schicke ich euch Sonnenstrahlen. Fühlt ihr schon, wie warm sie sind? Warm, schön, golden?« Und während Frederick so von der Sonne erzählte, wurde den vier kleinen Mäusen schon viel wärmer.
»Und was ist mit den Farben, Frederick?«, fragten sie aufgeregt. »Macht wieder die Augen zu«, sagte Frederick. Und als er von blauen Kornblumen und roten Mohnblumen im gelben Kornfeld und von grünen Blättern am Beerenbusch erzählte, da sahen sie die Farben so klar und deutlich vor sich, als wären sie aufgemalt in ihren kleinen Mäuseköpfen. »Und die Wörter, Frederick?«, Frederick räusperte sich, wartete einen Augenblick, und dann sprach er wie von einer Bühne herab:
»Wer streut die Schneeflocken? Wer schmilzt das Eis?
Wer macht lautes Wetter? Wer macht es leis?
Wer bringt den Glücksklee im Juni heran?
Wer verdunkelt den Tag? Wer zündet die Mondlampe an?
Vier kleine Feldmäuse wie du und ich
wohnen im Himmel und denken an dich.
Die erste ist die Frühlingsmaus, die lässt den Regen lachen.
Als Maler hat die Sommermaus die Blumen bunt zu machen.
Die Herbstmaus schickt mit Nuss und Weizen schöne Grüße.
Pantoffeln braucht die Wintermaus für ihre kalten Füße.
Frühling, Sommer, Herbst und Winter sind vier Jahreszeiten.
Keine weniger und keine mehr. Vier verschiedene Fröhlichkeiten.«
Als Frederick aufgehört hatte, klatschten alle und riefen: »Frederick, du bist ja ein Dichter!« Frederick wurde rot, verbeugte sich und sagte bescheiden: »Ich weiß es – ihr lieben Mäusegesichter!«

*Leo Lionni*

## 3. *Die anderen Brücken*

»Du hast einen schönen Beruf«, sagte das Kind zum alten Brückenbauer, »es muss sehr schwer sein, Brücken zu bauen.«
»Wenn man es gelernt hat, ist es leicht«, sagte der alte Brückenbauer, »es ist leicht, Brücken aus Beton und Stahl zu bauen. Die anderen Brücken sind sehr viel schwieriger«, sagte er, »die baue ich in meinen Träumen.«
»Welche anderen Brücken?«, fragte das Kind.
Der alte Brückenbauer sah das Kind nachdenklich an. Er wusste nicht, ob es verstehen würde. Dann sagte er:
»Ich möchte eine Brücke bauen von der Gegenwart in die Zukunft. Ich möchte eine Brücke bauen von einem zum anderen Menschen, von der Dunkelheit in das Licht, von der Traurigkeit zur Freude. Ich möchte eine Brücke bauen von der Zeit in die Ewigkeit über alles Vergängliche hinweg.«
Das Kind hatte aufmerksam zugehört. Es hatte nicht alles verstanden, spürte aber, dass der alte Brückenbauer traurig war. Weil es ihn wieder froh machen wollte, sagte das Kind: »Ich schenke dir meine Brücke.« Und das Kind malte für den Brückenbauer einen Regenbogen.

*Anne Steinwart*

## *4. Der Regenbogen*

»Siehst du den Regenbogen?«
»Ja, der ist fein.«
»Du meinst die Farben.«
»Ja, und dass er auf einmal da ist.«
»Gleich ist er wieder weg.«
»Warum?.
»Weil die Sonne verschwindet.«
»Meinst du?«
»Oder weil der Regen aufhört.«
»Kannst du den Regenbogen nicht festhalten?«
»Nein, das kann ich nicht.«
»Geht der Regenbogen auch unter der Erde weiter?«
»Nein, dort gibt es keine Sonne und keinen Regen.«
»Bist du ganz sicher?«
»Da bin ich ganz sicher.«
»Eigentlich bin ich froh,
dass man den Regenbogen nicht festhalten kann.«
»Warum?«
»Da kann er kommen und gehen, wann er will.«
»Schau, jetzt ist er weg.«
»Als ob er's gehört hätte.«

*Kurt Hock*

Aus: Kurt Hock, Telat sucht den Regenbogen, S. 3.

# Lieder/Tanz und Musik

## *1. Ein bunter Regenbogen*

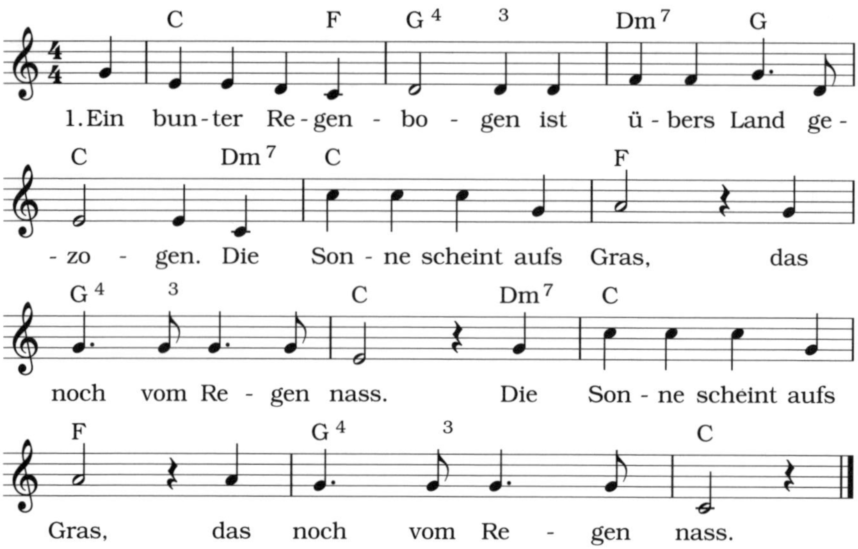


2. Ein bunter Regenbogen
   ist übers Land gezogen.
   Und alle blieben stehn,
   um ihn sich anzusehn.

3. Ein bunter Regenbogen
   ist übers Land gezogen,
   damit ihr's alle wisst,
   dass Gott uns nicht vergisst.

T: Rolf Krenzer M: Peter Janssens
Aus: Kommt alle und seid froh, 1982

**Tanzbeschreibung:**

Alle stehen im Halbkreis.

| | |
|---|---|
| 1. Teil | (in allen Strophen gleich): Die Arme werden beide in einem großen Bogen von links unten hoch über den Kopf nach rechts unten geführt. |
| 2. Teil 1. Str.: | Der Halbkreis wird zum Kreis, beim ersten Mal rechts herum gehen, beim zweiten Mal links herum. |
| 2. Teil 2. Str.: | Der Halbkreis wird zum Kreis durchgefasst, bleibt stehen und wiegt auf der Stelle hin und her. |
| 2. Teil 3. Str.: | Der Halbkreis wird zum Kreis durchgefasst, die Arme hochgehoben, beim ersten Mal rechts herum gegangen, beim zweiten Mai links herum, zum Schluss mit erhobenen Händen kurz stehen bleiben. |

## *2. Gottes guter Regenbogen*

2. Gottes guter Regenbogen steht am Himmel, leuchtend klar!
Er verkündet: »Gottes Liebe ist für die Menschen wahr!«
Uns, die wir so ängstlich warten, sagt der Bogen, der erscheint,
dass aus Hunger, Tod und Schmerzen Gott, der Vater, uns neu eint.

3. Gottes guter Regenbogen lebt am Himmel, und er grüßt!
Nie wird Gott den Bund auflösen, weil er selber Frieden schließt,
in dem Sohn, der überwindet, der uns zur Versöhnung bringt,
lebt der Friede, der uns segnet, der die Angst, den Hass bezwingt!

4. Gottes guter Regenbogen fließt vom Himmel, und er schenkt,
dass der gute Geist der Hoffnung sich in unsre Herzen senkt.
Heil und Lachen werden atmen. Gottes Geist hat uns berührt.
Menschen werden zu Geschwistern, weil Gott selber menschlich wird.

5. Wie 1.

T: Dieter Stork


M: Reinhard Horn


**Tanzbeschreibung:**

Aufstellung paarweise auf der Kreisbahn. Hände gefasst, Front nach rechts. Die Paare sind nacheinander mit den unterschiedlichen Farben des Regenbogens bekleidet (bunte Tücher/Krepppapier).

| | |
|---|---|
| Takt 1–4: | Paare gehen rechts herum sechzehn Schritte auf der Kreisbahn. |
| Takt 5–8: | Paare drehen sich um, fassen sich mit den anderen Händen und gehen sechzehn Schritte links auf der Kreisbahn. |
| Takt 9–10: | Paare wenden sich einander zu, fassen sich mit der rechten Hand (Handtour: Die flachen Hände werden bei gehobenen Armen gegeneinander gelegt.) und drehen sich rechts acht Schritte. |
| Takt 11–12: | Paare geben sich die linke Hand (Handtour) und drehen sich links. |
| Takt 13–16: | Alle fassen zum großen Kreis durch und gehen sechzehn Schritte rechts. Am Ende wieder in Paaren auf die Kreisbahn. |

Der Tanz wiederholt sich in jeder Strophe.

## Bilder

- Foto eines Regenbogens
- Mandorla und Christus auf dem Regenbogen (um 1140)
- Peter F. Bock: Sonnengesang (Fotomontage)
- Relindis Agethen: Auferstehung

## Gestalten/Malen/Basteln

### *1. Gestaltung der Mitte*

- aus bunten Papierstreifen einen Regenbogen über grauen Untergrund legen
- ein selbst gemalter, leuchtender Regenbogen
- ein Regenbogen aus Tüchern gelegt

### *2. Bilder malen*

**Material:**

Farben, Stifte, Papier aller Art

- Gemeinschaftsbild: Großer Regenbogen *(Abtönfarbe)*
- Bild zur Geschichte »Unter dem Regenbogen« (S. 131) nach dem Vorlesen und Bedenken der Geschichte
- Jeder sucht sich aus den Farben des Regenbogens seine Lieblingsfarbe aus und versucht, in verschiedenen Tönen seiner Farbe ein Bild zu malen *(Wasserfarben/Aquarell/Öl)*.

### *3. Regenbogen-Transparent*

Aus Transparentpapier wird in verschiedenen Farben ein Bogen geschnitten, der dann – den Farben des Regenbogens entsprechend – an ein Fenster geklebt wird. Darunter kann noch mit Fensterfarbe gemalt werden, was unter dem Regenbogen geschieht.

### *4. Die Farben des Regenbogens*

Die verschiedenen Farben des Regenbogens werden bestimmt und auf je einen Papierbogen geschrieben. Dann gehen alle von Farbe zu Farbe und schreiben auf den Bogen, was ihnen zu den einzelnen Farben spontan einfällt. Dann werden in den einzelnen Farbtönen die entsprechenden Assoziationen gemalt und schließlich als Regenbogen zusammengelegt.

### *5. Mobile: Menschen unterm Regenbogen*

Auf einen weißen Fotokarton wird ein Regenbogen gemalt und ausgeschnitten oder aus buntem Tonpapier aufgeklebt. In der Mitte des oberen Randes wird ein Bindfaden zum Aufhängen befestigt. An den unteren Rand werden Fäden in unterschiedlicher Länge geknüpft. Dann werden aus Tonpapier oder Pappe unterschiedliche Menschen ausgeschnitten und an den Fäden unterm Regenbogen befestigt. Dann kann das Mobile aufgehängt werden.

### *6. Collage: Unterm Regenbogen*

Auf einen Bogen Papier wird umspannend ein Regenbogen gemalt. Darunter werden Bilder geklebt zu einem bestimmten Thema: Gottes gute Schöpfung oder Menschen unterm Regenbogen usw.

# Stilleübungen

*L = Leiter/in; TN = Teilnehmer/in. Jede freie Zeile im Sprechtext bedeutet eine längere Sprechpause.*

## *1. Der Regenbogen*

*In der Mitte des Kreises liegen bunte Tücher in den Farben des Regenbogens.*

*L spricht:*
Hier in der Mitte sehen wir viele bunte Tücher.
Alle Farben des Regenbogens sind darin abgebildet.
Wir wollen uns einmal zurücklegen
und ganz ruhig werden.
Wir schließen die Augen.
Ich singe euch/Ihnen dabei ein Lied vor.

*Lied: Ein bunter Regenbogen (S. 136)*

Bei diesem Lied habt ihr/haben Sie vielleicht vor eurem/Ihrem inneren Auge einen schönen bunten Regenbogen gesehen.
Viele Farben hat dieser Regenbogen.
Jede Farbe ist anders, so, wie wir Menschen verschieden sind.
Wir öffnen die Augen.
Nacheinander seid ihr/sind Sie jetzt eingeladen,
ein Tuch aus der Mitte zu nehmen
und dann wieder auf den Platz zu gehen.
Jetzt gehen wir zum Lied im Kreis.

Wir halten unser Tuch ausgebreitet vor uns hin:

erst die roten, dann die orangen,
die gelben, die grünen,
die blauen, die violetten.
Jetzt sehen wir unseren Regenbogen vor uns und können das Lied singen.

*Noch einmal das Lied »Ein bunter Regenbogen« singen.*

### *2. Lichtbogen*

*An der Wand ist ein Bild von einem Regenbogen abgebildet (auch als Dia). Die TN sitzen im Halbkreis davor.*

*L spricht:*
An der Wand sehen wir einen Regenbogen.
Es ist der Lichtbogen,
der alle Farben der Welt trägt.
Wir können ihn nicht greifen, und doch ist er da.
Er verbindet Himmel und Erde.
Er sagt uns:
Gott meint es gut mit uns.

## Spiel und Aktion

### *1. Papptheater: Frederick*

**Material:**

großer Pappkarton, großer Papierbogen, ein langes Rundholz, Pappe, dünne Rundhölzer, Schreibtischlampe, Stifte, Klebstoff, Scheren

**Vorbereitung:**

Ein großer Pappkarton wird als »Guckkastentheater« hergerichtet. Von oben muss der Karton eine Öffnung haben zum Bewegen der Spielpuppen. Die Kulissen werden zu jeder unterschiedlichen Szene als einzelne große Bilder gemalt. (Die Größe entspricht der hinteren Wand des Pappkartons, der das Theater bildet.) Dann werden sie am oberen Ende an einem Rundholz befestigt und von oben in das Theater an der hinteren Wand hineingehängt.
Auf Pappe werden die Mäuse gemalt und ausgeschnitten. Hinter jeder Maus wird ein dünnes Stäbchen befestigt, mit dem durch die Öffnung des Papptheaters die Figuren bewegt werden.
Von oben dient eine Schreibtischlampe als Beleuchtung.
Nun kann die Geschichte während des Vorlesens im Papptheater szenisch dargestellt werden.

## 2. Hörspiel: Der Regenbogen

Das Gespräch des Textes (S. 135) wird mit verteilten Rollen auf eine Kassette gesprochen und die Geräusche dazu auf Orffinstrumenten erfunden und verklanglicht (z. B. das Erscheinen und Verschwinden des Regenbogens oder die Sonne und den Regen).

## 3. Einen Regenbogen entstehen lassen

An einem Sonnentag mit einem Gartenschlauch den Wasserstrahl so in die Sonne halten, dass ein Regenbogen zu sehen ist.

## 4. Regenbogenspiel

Alle Mitspieler und Mitspielerinnen sind mit bunten Tüchern in unterschiedlichen Farben bekleidet. Alle gehen zu Musik im Raum umher. Der/die Spielleiter/in stoppt von Zeit zu Zeit die Musik und nennt eine Farbe. Alle mit der entsprechenden Farbe finden sich dann im Kreis zusammen und geben sich die Hände. Wenn die Musik wieder beginnt, löst sich der Kreis und alle gehen wieder im Raum umher, bis zum nächsten Stopp. Sagt der/die Spielleiter/in aber keine einzelne Farbe, sondern »Regenbogen«, dann müssen sich alle im Halbkreis oder in einer Reihe in den Farben des Regenbogens in der richtigen Reihenfolge aufstellen.

## 5. Farbassoziationsspiel

Alle sitzen im Kreis. Eine/r steht in der Mitte. Die Person in der Mitte zeigt auf eine/n Mitspieler/in im Kreis und nennt seine Farbe. Der/die Mitspieler/in sagt dann spontan, was ihm/ihr dazu einfällt. Je schneller das von einem zum anderen wechselt, desto interessanter wird es. Sagt die Person in der Mitte »Regenbogen«, dann wechseln alle die Platze. Wer in der Mitte übrig bleibt, setzt das Fragen fort.

# Himmel

## Einführung in das Symbol

Mit dem Begriff »Himmel« verbinden wir zunächst den Himmel, der sich über uns wölbt. Wenn wir uns den Himmel anschauen, dann schauen wir in die Ferne. Wir erhalten eine Ahnung von grenzenloser Weite und Unendlichkeit.
Der »Himmel« ist in unserem Dasein nicht wegzudenken. Er ist überall da, wo auch wir sind. Und doch bleibt er unerreichbar. Er ist zugleich weit weg und doch ganz nah. Das war schon so, als die Menschen sich die Erde noch als Scheibe dachten, über die sich der Himmel wölbt, aber es ist auch heute noch im Zeitalter der Flüge ins Weltall gültig.
Vielleicht wurde der Himmel deshalb auch von den Menschen zur »Wohnung Gottes« gemacht. Gott wohnt im Himmel, das bedeutet vielleicht einfach: Er ist allgegenwärtig und doch unerreichbar.
Weil Gott im Himmel wohnt, ist der Himmel auch das Symbol für Glück und Zufriedenheit, das Ziel menschlicher Sehnsucht, auch über den Tod hinaus. Manche Traditionen reden auch von verschiedenen Himmeln, in die ein Mensch gelangen kann. Daher kommt wohl die Redewendung »Ich fühle mich im siebten Himmel« als Ausdruck einer übergroßen Freude oder eines unfassbaren Glücks.
Und wenn Jesus vom Reich Gottes oder vom Himmelreich redet, wenn er es beschreibt in den vielen Bildern und Gleichnissen, dann gibt er damit den Menschen eine Zukunftsperspektive, einen Grund zur Hoffnung. Und wie der Himmel, so ist auch das Reich Gottes schon da, aber noch unerreicht.

# Biblische Bezüge

## *1. Himmel als Teil der Schöpfung Gottes*

| | | | |
|---|---|---|---|
| Genesis | 1,1.6–8 | Deuteronomium | 10,12–14 |

## *2. Himmel als Wohnung Gottes*

| | | | |
|---|---|---|---|
| Genesis | 28,10–17 | Lukas | 24,50–53 |
| Psalm | 115,1–3.15–18 | Johannes | 3,11–13 |
| Jesaja | 66,1–2a | | 6,36–40 |
| Matthäus | 6,9–14 | Apostelgeschichte | 1,9–11 |
| Markus | 1,9–11 | Philipper | 3,17–21 |

## *3. Der Himmel im Vergleich zur Größe Gottes*

| | | | |
|---|---|---|---|
| 1 Könige | 8,27–30 | Psalm | 8,2 |
| Ijob | 22,12–14 | | 36,6–10 |

## *4. Die Himmel verkünden Gottes Ruhm*

Psalm 19,2–5a

## *5. Der neue Himmel und die neue Erde*

| | | | |
|---|---|---|---|
| Jesaja | 65,16–19 | Offenbarung | 21 |
| 2 Petrus | 3,8–13 | | |

## *6. Himmelreich – Reich Gottes*

| | | | |
|---|---|---|---|
| Matthäus | 5,18–20 | Lukas | 17,20–21 |
| | 6,31–34 | Kolosser | 1,3–6 |
| | 18,1–5 | | |

## Geschichten/Texte

### *1. Der graue Himmel*

Es gibt den blauen Himmel und den grauen Himmel.
Der blaue Himmel ist immer schön. Manchmal hat er weiße Wolken.
Heute ist der graue Himmel. Dann scheint die Sonne nicht.
Es ist kalt.
Es wird noch regnen.
Das Kind ist ganz traurig.
Auf einmal sieht es mitten im grauen Himmel ein blaues Loch – und dort noch eins.
Das eine geht wieder zu. Das andere wird größer. Jetzt geht es auch wieder zu.
Vielleicht kommt es wieder.
Die Mutter sagt: »Heute ist ein grauer Tag.«
»Nein«, sagt das Kind, »der blaue Himmel ist da, Mutter. Man sieht ihn nur nicht.«

*Irmgard von Faber du Faur*



### *2. Die drei Schlüssel zum Himmel*

Es lebte einmal ein großer, reicher König zu einer Zeit, in der noch alle Menschen den hohen Berg kannten, auf dessen Gipfel die Tore des Himmels gebaut sind. Bei all seinem Reichtum sehnte sich der König danach, auch die Schlüssel zu den Toren des Himmels zu besitzen; aber keiner konnte sie ihm bringen. Eines Tages sagte ihm ein weiser Mann: »Alle Schätze der Erde kann man geschenkt bekommen, aber die Schlüssel zum Himmel muss jeder selbst suchen.«
Da stieg der König selber auf den steilen Berg bis vor die Tore des Himmels und sagte dem Engel, dem Hüter vor Gottes ewigem Garten: »Ich finde keine Ruhe, bis ich nicht die Schlüssel zum Himmel besitze.« Der Engel lächelte und antwortete: »Auf der Erde blühen viele tausend Himmelsschlüssel, die von Menschen zertreten werden. Wenn du die richtigen drei findest, die nur zu deinen Füßen

und für dich aufblühen, kannst du die Tore des Himmels aufschließen.«
Viele Jahre suchte der König und zertrat keinen Himmelsschlüssel, doch nie blühte eine dieser Blumen vor seinen Füßen auf.
Eines Tages bettelte ihn ein schmutziges Mädchen an, das weder Vater noch Mutter hatte. Das Hofgesinde wollte das verwahrloste Kind zur Seite drängen, der König aber setzte es zu sich aufs Pferd. In seinem Schloss ließ er es speisen und kleiden und pflegen. Da blühte zu seinen Füßen ein kleiner, goldener Himmelsschlüssel auf. Und der König ließ die Armen und Kinder im Reich zu seinen Brüdern und Schwestern erklären.
Wieder vergingen Jahre. Da erblickte der König auf einem Ritt durch den Wald einen sehr kranken Wolf. Die Höflinge wollten ihn verenden lassen, er aber trug ihn in seinen Palast und pflegte ihn selbst gesund. Und der Wolf wich nie mehr von seiner Seite. Da blühte ein zweiter goldener Himmelsschlüssel zu seinen Füßen auf. Der König aber ließ von nun alle Tiere in seinem Reich zu Brüdern und Schwestern erklären.
Wieder vergingen einige Jahre. Da spazierte der König in seinem herrlichen Garten mit den seltensten Blumen. Und er erblickte am Wegrand eine kleine, unscheinbare Pflanze, die nahe daran war zu verdursten. »Ich will ihr Wasser bringen«, sagte der König. Doch der Gärtner wollte ihn hindern: »Es ist Unkraut; ich will es ausreißen und verbrennen; es passt nicht in diesen königlichen Garten!« Der König aber holte Wasser, und die Pflanze begann wieder zu atmen und zu leben.
Nun blühte der dritte Himmelsschlüssel zu des Königs Füßen auf, und das Bettelmädchen und der Wolf standen dabei. Der König aber sah auf dem steilen Berge die Tore des Himmels weit, weit geöffnet.
Auch heute blühen diese drei Himmelsschlüssel noch, und sie leuchten heller und schöner als alle Edelsteine und Blumen der Welt.

*Manfred Kyber (nach Himmelsschlüssel)*

### *3. Die langen Löffel*

Ein Rabbi bat Gott einmal darum, den Himmel und die Hölle sehen zu dürfen. Gott erlaubte es ihm und gab ihm den Propheten Elija als Führer mit. Elija führte den Rabbi zuerst in einen großen Raum, in dessen Mitte auf einem Feuer ein Topf mit einem köstlichen Gericht stand. Rundherum saßen Leute mit langen Löffeln und schöpften alle aus dem Topf. Aber die Leute sahen blass, mager und elend aus. Es herrschte eisige Stille. Denn die Stiele ihrer Löffel waren so lang, dass sie das herrliche Essen nicht in den Mund bringen konnten. Als die beiden Besucher wieder draußen waren, fragte der Rabbi den Propheten, welch ein seltsamer Ort das gewesen sei. Es war die Hölle. Darauf führte Elija den Rabbi in einen zweiten Raum, der genauso aussah wie der erste. In der Mitte brannte ein Feuer und kochte ein köstliches Essen. Leute saßen herum mit langen Löffeln in der Hand. Aber sie waren alle gut genährt, gesund und glücklich. Sie unterhielten sich angeregt. Sie versuchten nicht, sich selbst zu füttern, sondern benutzten die langen Löffel, um sich gegenseitig zu essen zu geben. Dieser Raum war der Himmel.

### *4. Wo Himmel und Erde sich berühren*

Es waren zwei Mönche, die lasen miteinander in einem alten Buch, am Ende der Welt gäbe es einen Ort, an dem der Himmel und die Erde sich berühren. Sie beschlossen, ihn zu suchen und nicht umzukehren, ehe sie ihn gefunden hätten. Sie durchwanderten die Welt, bestanden unzählige Gefahren, erlitten alle Entbehrungen, die eine Wanderung durch die ganze Welt fordert, und alle Versuchungen, die einen Menschen von seinem Ziel abbringen können. Eine Tür sei dort, so hatten sie gelesen, man brauche nur anzuklopfen und befinde sich bei Gott. Schließlich fanden sie, was sie suchten, sie klopften an die Tür, bebenden Herzens sahen sie, wie sie sich öffnete, und als sie eintraten, standen sie zu Hause in ihrer Klosterzelle. Da begriffen sie: Der Ort, an dem Himmel und Erde sich berühren, befindet sich auf dieser Erde, an der Stelle, die uns Gott zugewiesen hat.

## *5. Der Himmel*

Ein Mann, der nicht so recht wusste, wie es wohl sein würde mit der Auferstehung, bat Gott, ihn das begreifen zu lehren. Gott hatte Verständnis für ihn und sage ihm: »Du darfst das mit dem Himmel schon einmal hier auf der Erde ausprobieren. Erkläre einfach jedes Stückchen Erde, auf dem Menschen sind, mit denen du zusammensein möchtest, zum Himmel!« Der Mann dachte, das müsse eigentlich ganz nett werden.
Gerade da kam ihm ein Nachbar in den Weg, und als er ihn sah, fand er, das sei ein derart unausstehlicher Kerl, mit dem wolle er ganz bestimmt nicht zusammen im Himmel sein. Als er durch die Straßen ging, ärgerte ihn der Lärm der Kinder. Von lauten Kindern sollte der Himmel jedenfalls frei sein. Nun begann er zu träumen von fernen Ländern und fühlte sich schon fast im Paradies. Dummerweise fiel gerade jetzt sein Blick auf ein Plakat: Die Dritte Welt braucht deine Hilfe! Helfen würde er, wenn er den Himmel erst einmal ausprobiert hatte, nicht jetzt. Not gehört sowieso nicht in den Himmel. Während er sein zerstörtes Fernweh beklagte, stieß er fast mit einem Mann zusammen, dem man ansah, dass er Gastarbeiter war. Die sollten schon in den Himmel, aber doch bitte in eine andere Abteilung.
Nun, wenigstens seine Frau und seine Freunde würde er mit in den Himmel nehmen. Doch recht besehen, war er sich auch da gar nicht mehr so sicher!
Als er schließlich überschlug, was ihm an Himmel geblieben war, sah er, dass es nicht mehr war als der Quadratmeter Boden, auf dem er gerade festsaß. Und er merkte mit Entsetzen, dass das die Hölle war.
Da stand er auf, sagte seiner Frau ein gutes Wort und rief einen Kollegen an, der schon lange wartete, dass er sich um ihn kümmerte. Und als er aufstand, spürte er, dass Auferstehung etwas sehr Schönes sein müsse.

## 6. Wo ich gehe – du

Wo ich gehe – du!
Wo ich stehe – du!
Nur du, wieder du, immer du!
Du, du, du!

Ergeht's mir gut – du!
Wenn's weh mir tut – du!
Nur du, wieder du, immer du!
Du, du, du!

Himmel – du, Erde – du,
Oben – du, unten – du,
Wohin ich mich wende, an jedem Ende
Nur du, wieder du, immer du!
Du, du, du!

*Martin Buber*



## 7. Wir brauchen andere Augen

Ein Kind sagt zu seiner Mutter: »Gelt, der Himmel ist doch da oben?« – und es zeigt in die Luft.
»Welchen Himmel meinst du?«, fragt die Mutter.
»Ei, den Himmel«, sagt das Kind.
»Meinst du den Himmel, an dem die Wolken sind und wo die Flugzeuge fliegen?«, fragt die Mutter geduldig weiter.
»Nein, den richtigen Himmel«, antwortet das Kind, »wo die Engel sind.«
Da sagt die Mutter: »Der Himmel, den du meinst, ist dort, wo Gott ist, und Gott ist überall. Deshalb ist auch der Himmel nicht irgendwo über uns, sondern überall – in uns und um uns herum. Wir können ihn nur noch nicht sehen, weil Gott uns zuerst andere Augen und ein anderes Herz geben muss.«

*Gerhard Lohfink*

## *8. Vater im Himmel*

Vater im Himmel,
großer Gott,
es ist schön, dass du da bist.
Ich sehe die Wolken und die Sonne.
Ich sehe den Mond und die Sterne,
ich sehe den großen Himmel über mir.
Das hast du alles gemacht.
Aber es ist wunderbar,
dass du auch an uns denkst.
Wir sind so klein gegen deine Bäume
und so winzig gegen deine Berge.
Und es ist wunderbar,
dass du nicht nur die großen Leute siehst,
die berühmten,
die, von denen alle reden.
Sondern auch mich.
Ich bin klein gegen die großen Leute.
Aber du hast mich in deiner Hand.
Du willst mich groß machen und stark,
sodass ich vieles allein tun kann.
Dass der große Hund
mir gehorchen muss,
dass ich ein Auto steuern kann
und allein verreisen.
Nur du bist dann immer noch größer als ich.
Du weißt, was ich nicht weiß.
Du kannst, was ich nicht kann.
Dir gehöre ich,
auch wenn ich bin.
Vater im Himmel, großer Gott,
es ist schön, dass du so groß bist.

*Heidi und Jörg Zink*

Aus: Heidi und Jörg Zink, Wie Sonne und Mond einander rufen.

## Lieder/Tanz und Musik

### *1. Weißt du, wo der Himmel ist*

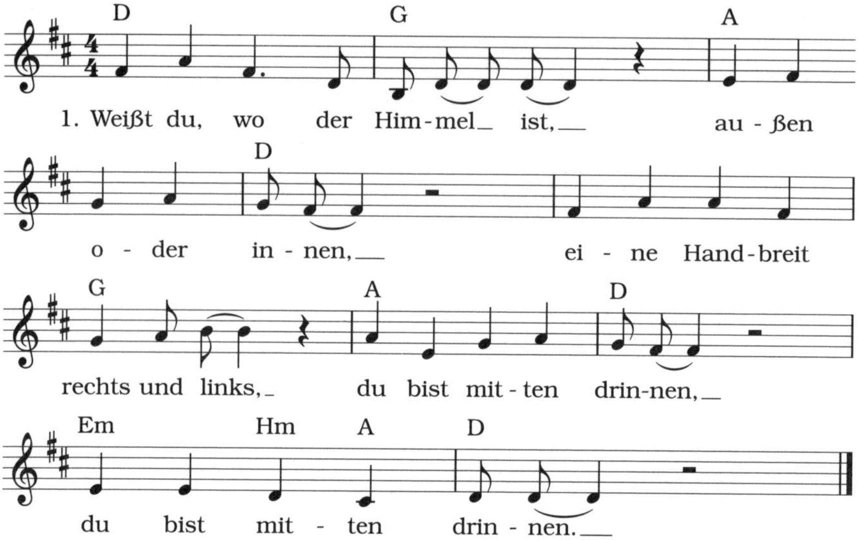


2. Weißt du, wo der Himmel ist,
   nicht so tief verborgen,
   einen Sprung aus dir heraus
   aus dem Haus der Sorgen,
   aus dem Haus der Sorgen.

3. Weißt du, wo der Himmel ist,
   nicht so hoch da oben,
   sag doch Ja zu dir und mir,
   du bist aufgehoben,
   du bist aufgehoben.

Musik: Ludger Edelkötter / Text: Wilhelm Willms
Aus: Weißt du, wo der Himmel ist

## 2. Der Himmel geht über allen auf

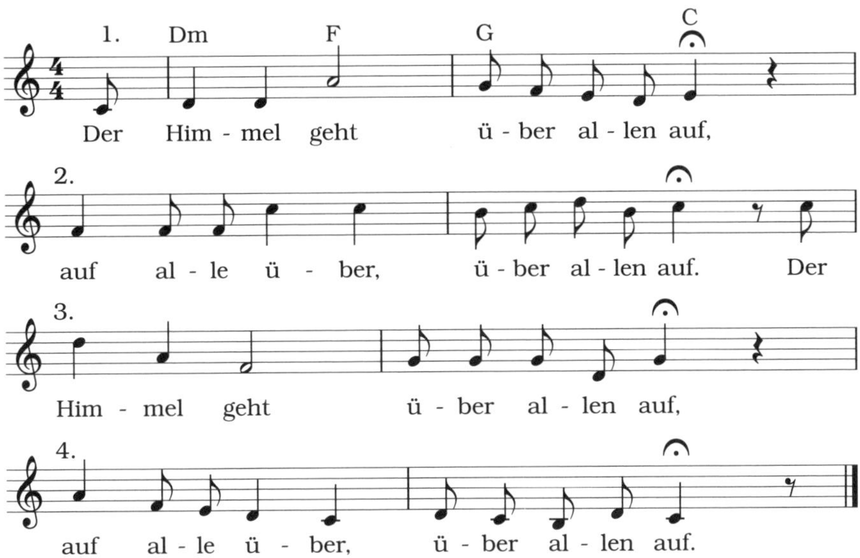


T: Wilhelm Willms M: Peter Janssens
Aus: Ave Eva, 1974


**Tanzbeschreibung:**

Aufstellung: Kreisbahn, Front zur Mitte. Schrittfolge: Viertelnoten.

1. Teil: Arme heben.
2. Teil: Jeder dreht sich um sich selbst, am Ende Arme senken.
3. Teil: Acht kleine Schritte in die Mitte, dabei Arme heben.
4. Teil: Acht kleine Schritte nach außen, dabei Arme senken.

Dieser Tanz ist auch als Kanontanz möglich. Dazu den Kreis von 1–4 durchzählen. Die Gruppen führen dann im großen Kreis nacheinander die Bewegungen aus.

## 3. Da berühren sich Himmel und Erde

2. Wo Menschen sich verschenken, die Liebe bedenken
   und neu beginnen, ganz neu, da berühren sich ...
3. Wo Menschen sich verbünden, den Hass überwinden
   und neu beginnen, ganz neu, da berühren sich ...

T: Thomas Laubach M: Christoph Lehmann
Aus: Gib der Hoffnung ein Gesicht


**Tanzbeschreibung:**

Aufstellung Kreisform/Front zur Kreismitte, Hände durchgefasst. Schrittfolge: Viertelnoten.

Strophen: Alle bleiben stehen und wiegen auf der Stelle (halbe Noten).

Refrain:

1. Teil: Die Hände heben (»... da berühren sich«) und bei dem Wort »Erde« wieder senken, dabei mit dem Wort »Himmel« beginnend, acht Schritte nach rechts gehen (Viertelnoten), dann auf der Stelle wiegen (halbe Noten): rechts-links-rechts. Mit dem Gewicht auf dem rechten Bein verlagert einen Moment stehen bleiben, bis der zweite Teil beginnt.

2. Teil: Wie 1. Teil, nur links herum, am Ende wiegen: links-rechts, links-rechts, Ausgangsstellung.

## *4. Christ fuhr gen Himmel*

Gotteslob Nr. 228.

## *5. Herr, deine Güt ist unbegrenzt*

Gotteslob Nr. 289.

## *6. Verklanglichung: Der graue Himmel*

| **Text:** | **Verklanglichung:** |
|---|---|
| blauer Himmel | *Beckenschlag* |
| grauer Himmel | *dumpfe Töne auf Pauke oder Handtrommel* |
| weiße Wolken | *Glockenspielmelodie, tiefe Töne, langsam* |
| kalt | *Klangstäbe* |
| traurig | *langsame, tiefe Töne auf dem Xylofon* |
| blaues Loch im grauen Himmel | *dumpfe Töne auf der Pauke oder Handtrommel, dazu leise Triangeltöne, die laut und leiser werden (auch mehrere Triangeln)* |

## *7. Neil Diamond: Jonathan Livingston Seagull*

Dear Father
Lonely looking sky
Skybird

Diese Musik eignet sich dazu, tänzerisch und in Bewegungen frei improvisierend umgesetzt zu werden. Die Vorstellung: »Ich bin wie ein Vogel und kann fliegen« kann dabei hilfreich sein.

## *8. Verklanglichung: Vater im Himmel*

| **Text:** | **Verklanglichung:** |
|---|---|
| Einleitung | *alle Instrumente gemeinsam, nicht zu laut* |
| Wolken | *mit Watteschlegeln auf Handtrommel* |
| Sonne | *Zimbeln* |
| Mond | *Triangel* |
| Sterne | *hohe Töne, Glockenspiel* |
| Himmel | *Becken* |
| »Es ist wunderbar.« | *alle Instrumente, die bisher gespielt haben* |
| Bäume | *Xylofon, tiefe Töne* |
| Berge | *2 Pauken in unterschiedlicher Stimmlage abwechselnd* |
| »Ich bin klein ...« | *Melodie auf dem Metallofon* |
| Hund | *Bellen nachahmen* |
| Auto | *Autogeräusch nachahmen* |
| Schluss | *alle Instrumente gleichzeitig* |

### *9. Musik zum Träumen*

Ganz ruhig zu werden und in den Himmel zu schauen oder die Augen zu schließen und vom Himmel zu träumen, dazu eignet sich jede ruhige Musik, die gleichzeitig ein Gefühl von »Weite« in sich trägt. Hier nur zwei Beispiele:

Anton Dvorak, Sinfonie Nr. 9 e-Moll
»Aus der neuen Welt«
2. Satz: Largo

Franz Schubert, Sinfonie Nr. 8 h-Moll
»Die Unvollendete«
2. Satz: Andante con moto

## Bilder

- Fotos von unterschiedlich aussehendem Himmel
- H. G. Annies: Himmelfahrt (Holzschnitt)
- Ferdinand Hodler: Sonnenuntergang am Genfersee
- Otto Dix: Flandern (Ausschnitt)
- Hildegard: Scivias – Das Weltall
- Himmelfahrt Christi (Evangeliar Echternach, um 1050)
- Sieger Köder: Gott schickt Jakob einen Traum

## Gestalten/Malen/Basteln

### *1. Gestaltung der Mitte*

- ein himmelblaues Tuch
- ein Sternen-Mond-Sonnen-Wolken-Mobile über einem himmelblauen Tuch
- ein Bild/Foto, auf dem ein weiter Himmel zu sehen ist
- ein blaues/graues/weißes Tuch

## 2. Bilder nachlegen

**Material:**

unterschiedlich blaue Tücher, farbiges Tonpapier, Tuchstreifen, Legeplättchen, Kieselsteine usw.

Wenn als Mitte ein himmelblaues Tuch gelegt wurde, dann kann nach einer gemeinsamen Betrachtung des Bildes »Das Weltall« (Hildegard, Scivias) die Mitte in der Art des betrachteten Bildes gemeinsam nachgelegt werden.

## 3. Himmel gestalten

**Material:**

bunte Tücher, gelbes Tonpapier

**Methode:**

Die Mitte des Kreises ist mit einem großen blauen Tuch ausgelegt. Mit anderen Tüchern und mit aus gelbem Tonpapier gebastelten Sternen wird der »Himmel« jetzt gestaltet und ausgeschmückt: Mit weißen Tüchern als Wolken, mit gelben Tüchern als Sonne und Mond, mit bunten Tüchern wird ein Regenbogen gelegt usw.

## 4. Bilder nachmalen

**Material:**

Farben, Pinsel und Stifte aller Art, Papier

Folgende Bilder eignen sich gut, um sie nachzumalen:
- Ferdinand Hodler: Sonnenuntergang am Genfersee
- Sieger Köder: Gott schickt Jakob einen Traum
- evtl. einige der Fotos

## *5. Der graue Himmel*

**Material:**

Papier, Wachsmalkreiden, Wasserfarben

**Methode:**

Ein Blatt Papier wird mit Wasser ganz blau grundiert, evtl. mit einer Sonne darin. Wenn die Farbe getrocknet ist, wird das ganze Blatt mit grauer Wachsmalkreide übermalt, möglichst dick. Anschließend werden mit einem Schaber einige graue Flecken herausgekratzt, sodass der blaue Untergrund stellenweise wieder durchschimmert. Vor der Aktion die Geschichte (S. 148) vorlesen.

## *6. Wo ich gehe – du*

**Material:**

Buntstifte und Papier oder Tusche und Feder

**Methode:**

Das zentrale Wort des Textes (S. 152) heißt »Du«. Dieses Wort wird jetzt mit bunten Stiften in unterschiedlichen Farben und Buchstaben oder mit Tusche in unterschiedlichen Formen geschrieben, gezeichnet und mit Ornamenten verziert.

## *7. Einen Wandteppich als Himmel gestalten*

**Material:**

grobes Sackleinen (oder anderes Material) im Format 1 × 1 m (oder größer), dicke Wolle, Filz und Stoffreste in allen Farben, dicke Stricknadeln, Nähgarn und Nähnadel

**Methode:**

Das Sackleinen bildet den Untergrund. Darauf werden blaue Stoffreste genäht, sodass er ganz mit unterschiedlichen Blautönen bedeckt ist. Darauf werden Sonne, Mond, Sterne, Regenbogen mit der dicken Wolle gestickt oder mit den Stoffresten genäht.

### *8. Ein »Himmelsmobile« basteln*

**Material:**

dünne Stäbchen oder Mobile-Träger aus Metall, Bindfäden, Goldpapier, buntes Tonpapier, blaues Krepppapier, Klebstoff

**Methode:**

Aus Goldpapier werden Sonne, Mond und Sterne gebastelt und an den Enden der Mobilestäbchen befestigt und ausbalanciert. Dann werden dazwischen längere Streifen aus blauem Krepppapier befestigt in unterschiedlichen Blautönen. Mit dem Krepppapier auch auf die Balance achten.

## Stilleübungen

*L = Leiter/in; TN = Teilnehmer/in. Jede freie Zeile im Sprechtext bedeutet eine längere Sprechpause.*

### *1. Der Himmel geht über allen auf*

Um eine gestaltete Mitte herum wird als Stilleübung der Kanon »Der Himmel geht über allen auf« (S. 155) getanzt.

### *2. Den Himmel träumen*

Alle legen sich im Kreis auf den Rücken. (Wenn kein Teppichboden da ist, Wolldecken benutzen.) Alle schließen die Augen und träumen: Wir schauen in den Himmel. Dazu ein ruhiges Musikstück spielen lassen (s. S. 159 »Musik zum Träumen«).

## 3. Wo wohnt Gott?

*Diese Stilleübung kann als Ausgangspunkt für ein Gespräch zum Thema »Himmel als Wohnung Gottes« durchgeführt werden.*

*L spricht:*
Gott wohnt im Himmel, sagen manche Menschen.
Aber der Himmel ist weit und groß.
Wir sehen die Wolken.
Wir sehen den Mond.
Wir sehen die Sterne.
Wir sehen die Sonne.
Aber Gott sehen wir nicht.
Aber vielleicht ist es mit Gott so wie mit dem Himmel:
Wir sehen ihn immer.
Tag und Nacht.
Er ist immer da.
Aber wir können ihn nicht erreichen.
Nicht, wenn wir auf den höchsten Berg steigen.
Nicht, wenn wir mit dem Flugzeug fliegen.
Nicht, wenn wir mit Raketen zum Mond fliegen.
Auch Gott ist immer da,
selbst wenn wir ihn nicht sehen.
Vielleicht sagen die Menschen deshalb:
Gott wohnt im Himmel.

*Elsbeth Bihler*

Aus: Elsbeth Bihler, Symbolkreis Himmel und Erde.

## *4. Die Reise in den Himmel*

*Alle sitzen im Kreis in einem Raum oder im Freien auf einer Wiese. Im Raum hängt in der Mitte über einem hellblauen Tuch ein Mobile mit allem, was am Himmel zu sehen ist.*

*L spricht (evtl. zu leiser Musik):*
In der Mitte sehen wir den Himmel angedeutet.
Wir wollen heute eine Traumreise in den Himmel machen.
Wir legen uns auf den Rücken.
Wir schließen die Augen und liegen ganz still.
Wenn es ruhig ist um uns,
können wir unsere Traumreise beginnen.

Vor unserem inneren Auge sehen wir den blauen Himmel.
Die Sonne scheint, eine kleine, weiße Wolke fliegt dort oben.
Ich möchte gerne mitfliegen.
Langsam schweben wir der Wolke entgegen.
Jetzt ist sie ganz nah.
Auf dem Bauch lege ich mich darauf.
Ich segele auf meiner Wolke davon.
Viele andere Wolken sind da, wie Wattebäuschchen sehen sie aus.
Der Himmel ist blau und klar.
Aber immer noch ist er weit weg.

Die Sonne wärmt uns.
Sie färbt sich rot und vergeht.

Jetzt wird der Himmel dunkel. Es wird kalt.
Wir legen uns auf den Rücken und kuscheln uns tief in die warme Wolke hinein.
An den vielen Sternen fliegen wir vorbei.
Und dann ist da der Mond.
Wie eine Sichel sieht er aus.
Der Himmel ist dunkelblau und schwarz.
Immer noch ist er weit weg.

Wie weit der Himmel ist – ob wir ihn je erreichen?
Und wieder geht die Sonne auf.
Es wird warm.
Über uns wölbt sich der grenzenlose, weite Himmel.

Wir schauen nach unten.
Da liegen die Städte und Dörfer, die Felder, Wiesen und Wälder.
Winzig klein.

So weit sind wir schon in den Himmel geflogen, und doch sind wir nicht da.
Immer ist der Himmel da.
Erreichen können wir ihn nie.

Unter uns liegt unser Dorf, unsere Stadt, unser Haus.
Wir gleiten von unserer Wolke herab und schweben wieder hinunter, bis in unseren Raum/auf unsere Wiese hier.
Jetzt sind wir wieder angekommen.
Wir öffnen die Augen.

*Alle singen das Lied: »Weißt du, wo der Himmel ist« (S. 154).*

## Spiel und Aktion

### *1. Puppenspiel: Wir brauchen andere Augen*

Mit zwei Stabpuppen oder Tücherpuppen wird das Gespräch zwischen Mutter und Kind (S. 152) in einem Kasperletheater oder einer selbst gebastelten Puppenbühne gespielt. (Puppenbühne: Aus einem großen Karton im Boden die Fläche entfernen, aber ca. 3 cm Rand lassen. Den Karton mit dieser Öffnung nach vorne auf einen Tisch stellen, den Tisch vorne mit einer Decke verhängen.)

### *2. Spiel: Die langen Löffel*

Nach dem Vorlesen der Geschichte (S. 150) wird der »Himmel« gespielt:
Gemeinsam wird ein Reisgericht als Risotto (alles in einem Topf) gekocht. An Besenstielen oder Rundhölzern werden an einem Ende Esslöffel befestigt. Alle sitzen im Kreis um einen Tisch. Nach dem Tischgebet versuchen alle, einen anderen mit dem langen Löffel zu füttern, ohne dass etwas danebengeht.

### *3. Schattenspiel: Die drei Schlüssel zum Himmel*

Ein weißes Betttuch wird auf einen Holzrahmen gespannt, in einer Größe nach eigener Wahl (rechteckig, lange Seite bildet die Standseite des Rahmens). Figuren und Kulisse aus Pappe herstellen.

**Kulisse:**

- hoher Berg mit drei »Himmelstoren«, die geöffnet und geschlossen werden können
- Königsschloss
- Blume »Himmelsschlüssel«

**Figuren:**

- König
- weiser Mann
- Engel
- Mädchen
- Wolf
- Höflinge
- Gärtner
- Unkraut

Kulisse und Figuren werden entsprechend der Größe der Leinwand hergestellt. Die Figuren werden am unteren Rand mit Stäben versehen, die ein Führen hinter der Leinwand ermöglichen.
Für die Darstellung ist es hilfreich, sich vorher genau zu überlegen, an welcher Stelle die jeweilige Kulisse stehen oder die Figur agieren soll. Dann kann zur Geschichte, die vorgelesen wird, gespielt werden.

### *4. Tagtraum*

Im Sommer einen Spaziergang miteinander machen. Sich dann auf einer Wiese ausruhen, auf dem Rücken legen, in den Himmel schauen und träumen. Anschließend einander die Träume erzählen.

## *5. Pantomime: Der Himmel*

Die Geschichte (S. 151) wird vorgelesen und dazu wird pantomimisch gespielt. »Der Mann« ist in einer Farbe gekleidet und hat zwei Tücher umhängen: ein gelbes für den »Himmel« (vorne) und ein schwarzes für die »Hölle« (hinten).
Zu Beginn hört er auf die Worte Gottes und dreht dann mutig dem Publikum die »Himmelsseite« zu. Jetzt begegnen ihm die Menschen. Immer, wenn er zu dem Entschluss kommt, dass diese Begegnung nicht der Himmel sei, dreht er dem Publikum die »Höllenseite« zu.
Als er mit Entsetzen merkt, dass er sich in der Hölle befindet, kauert er sich zusammen, die »Höllenseite« dem Publikum zugewandt. Während er aufsteht und sich seinen Mitmenschen positiv zuwendet, dreht er auch wieder dem Publikum die »Himmelsseite« zu.

## *6. Himmelsspiel*

Jemand erzählt eine frei erfundene Geschichte, in der immer wieder die Worte: Himmel, Sonne, Mond, Sterne, Regenbogen, Wolken vorkommen. Alle Zuhörer(innen) stehen verteilt im Raum und machen bei diesen Worten immer folgende Bewegungen:

*Himmel:* Alle strecken ihre Arme weit geöffnet nach oben.
*Sonne:* Alle fassen eine Hand in der Mitte zusammen, strecken die andere als »Strahlen« zur Seite und drehen sich als Sonne gemeinsam.
*Mond:* Alle stellen sich dicht gedrängt zu einem engen Kreis zusammen.
*Sterne:* Alle heben die Arme und machen mit den Fingerspitzen das Flimmern der Sterne nach.
*Regenbogen:* Alle geben sich die Hand und stellen sich in einen Halbkreis.

## *7. Luftballons steigen lassen*

Mit gasgefüllten Luftballons werden »Gute Botschaften« an andere Menschen weitergeschickt. Die Botschaften werden geschrieben und dann unten an den aufgeblasenen Luftballons befestigt. Dann werden sie gemeinsam an den Himmel geschickt.

## *8. Fliegen*

Wenn sich die Möglichkeit ergibt, einmal in einem Segelflugzeug, einem Ballon usw. zum Himmel fliegen und die Welt von oben betrachten. Davon hinterher ein Bild malen.

# Wolke

## Einführung in das Symbol

Wolken, das sind für den Menschen Zeichen am Himmel, die ihm näher sind als etwa der unerreichbare Himmel mit seinen Gestirnen in weiter Ferne. Bis zu den Wolken steigen, das ist dem Menschen zumindest zeitweise möglich, wenn er auf einen Berg steigt und die Wolken tief hängen. Wolken begrenzen den Himmel, machen die Unendlichkeit erträglich. Hängen die Wolken aber zu dicht, dann engen sie ein. Wer kennt nicht die trübe Stimmung an einem grauen Tag, an dem der Himmel von Wolken verhangen bleibt.

Manche Menschen reizt es, die Begrenzung des Himmels zu überschreiten, etwa Bergsteiger, die zum Gipfel steigen und dann auf einmal über den Wolken stehen, oder auch Flieger, die die Wunderwelt der Wolken von oben betrachten können.

Wolken, das sind außerdem Zeichen, die für den Menschen relativ einfach zu deuten sind, für die man keiner außerordentlichen Bildung bedarf wie etwa zur Deutung der Sterne. Wolken lassen leicht vorausschauen, ob segensreicher Regen, schönes Wetter oder Gewitter, Sturm und Bedrohung zu erwarten ist.

Wolken regen die Fantasie des Menschen an, wenn er versucht, Wolkenbilder zu deuten oder das Lichterspiel, das Sonne, Mond und Sterne mit den Wolken betreiben, erlebt.

In den Kulturen der Naturreligionen sind die Wolken die Wohnung des »Donnergottes«, der in den altgermanischen, nordischen und indianischen Kulturen eine wichtige Rolle spielt. Sie sind aufgrund ihrer Bewegung auch sein Gefährt. Wolken als Fantasiegefährt finden wir in vielen Märchen und Fantasiegeschichten.

Wolken sind Zeichen der Verhüllung. Sie verbergen etwas, z. B. die Sonne, den blauen Himmel, die Spitzen der Berge usw.

Im Alten Testament ist die Wolke Zeichen der Gegenwart Gottes, der seinen Anblick vor den Menschen verbergen muss, weil Menschen Gott nie von Angesicht zu Angesicht sehen können.

Im Neuen Testament finden wir Ähnliches, wenn die Wolken in den Berichten vom Kommen des Menschensohnes zum »Thron« Christi werden.

# Biblische Bezüge

## *1. Wolken allgemein*

| | | | |
|---|---|---|---|
| 1 Könige | 18,41–46 | Weisheit | 2,4 |
| Ijob | 1,3–6 | Jesus Sirach | 35,26 |
| | 26,6–8 | Jesaja | 14,14 |
| Psalm | 77,18 | Ezechiel | 30,18 |
| | 78,23 | Lukas | 12,54 |
| Kohelet | 11,3–4 | 2 Petrus | 2,17 |

## *2. Das Erscheinen Gottes in der Wolkensäule*

| | | | |
|---|---|---|---|
| Exodus | 13,21–22 | Psalm | 99,7 |
| | 14,19–20 | | |
| | 33,9–11 | | |

## *3. Gott verbirgt sich in der Wolke*

| | | | |
|---|---|---|---|
| Exodus | 16,10–12 | Ijob | 22,13–14 |
| | 20,18–21 | Psalm | 97,2 |
| | 24,15–18 | Jesaja | 4,5 |
| | 40,34–38 | Markus | 9,7 |
| Numeri | 9,15–23 | Apostelgeschichte | 1,9 |
| 2 Samuel | 22,10–12 | Offenbarung | 10,1 |
| 1 Könige | 8,10–11 | | |

## *4. Gott thront auf der Wolke*

| | | | |
|---|---|---|---|
| Jesaja | 19,1 | Offenbarung | 1,7 |
| Markus | 13,26 | | 14,14 |
| 1 Thessalonicher | 4,17 | | |

# Geschichten/Texte

## *1. Wolkengucken*

Hast du schon einmal auf einer Wiese gelegen und dabei in die Wolken geschaut?
Manchmal sind es viele kleine Wolkenschäfchen.
Dann wieder sehen sie aus wie dicke, weiche Federbetten, in die man sich hineinkuscheln möchte.
Plötzlich sieht man einen riesigen Kopf mit langem Bart, einer dicken Knollennase und sogar einem Mund. Ein kleines Wolkenloch ist das Auge. Es verschiebt sich und wird zu einem riesigen Hund. Jetzt ist es ein Löwe mit großer Mähne. Der Wind treibt die Wolke auseinander, die Sonne brennt die Wolke fort – sie ist nicht mehr da.
Aber schon kommt eine neue Wolke angesegelt. Sie sieht aus wie ein springendes Pferd und jetzt wie ein Kamel mit Höckern. Bis auch diese Wolke fort ist. Es kommen aber immer neue. Manchmal sind sie so dick, dass sie die Sonne nicht hindurchlassen.

*Ursula Fack*



## *2. Die leise Wolke*

Eine schmale, weiße
Eine sanfte, leise
Wolke weht im Blauen hin.
Senke deinen Blick und fühle
Selig sie mit weißer Kühle
Dir durch blaue Träume ziehen.

*Hermann Hesse*

Aus: Hermann Hesse, Sämtliche Werke, Band 10: Gedichte.

### *3. Die Wolke*

Die letzte der Wolken nach Sturmes Gedräue,
Nur du fliegst dahin durch die heitere Bläue,
Nur du wirfst den Schatten hinab auf die Au,
Nur du hüllst den festlichen Mittag in Grau.

Noch jüngst überdeckte den Himmel dein Dunkel,
Und drohend umwand dich der Blitze Gefunkel,
Geheimnisvoll tönte den Donner dein Mund,
Du tränkest mit Regen den durstigen Grund.

Genug, geh von hinnen! Die Zeit ist entwichen,
Die Erde ward kühl und die Stürme verstrichen
Und streichelnd die Blätter der Bäume gelind,
Vom ruhigen Himmel verjagt dich der Wind.

*Alexander Puschkin*

## Lieder/Tanz und Musik

### *1. Wolke, Wolke, dunkle Welt*

2. Wolke, Wolke, regne aus Hoffnung über unser Haus.
   Wolke, Wolke, regne aus Hoffnung über unser Haus.
3. Wolke, Wolke, bring zurück uns vom Paradies ein Stück.
   Wolke, Wolke, bring zurück uns vom Paradies ein Stück.
4. Wolke, Wolke, zieh voran, bring uns ins Land Kanaan.
   Wolke, Wolke, zieh voran, bring uns ins Land Kanaan.

T: Wilhelm Willms M: Oskar Gottlieb Blarr

**Tanzbeschreibung:**

Aufstellung: Kreisform, Front zur Mitte, Arme um die Schultern gelegt. Schrittfolge: halbe Noten.

| | |
|---|---|
| Refrain: | Alle gehen mit Beistellschritten (rechts gehen, links anstellen, rechts gehen, links anstellen ...) nach rechts. |
| 1. Strophe: | Alle gehen zur Mitte und stellen sich ganz dicht zusammen. |
| 2. Strophe: | Alle strecken die Hände zum Himmel und gehen einen Schritt nach hinten. |
| 3. Strophe: | Alle drehen sich um und gehen vier Schritte nach außen. |
| 4. Strophe: | Alle fassen die Hände und gehen im Kreis. |

## *2. Wir kommen und gehen*

2. Wir gehen und wandern, wer treibt uns voran,
von einem zum andern, wer zieht uns an?
Wir gehen und hoffen gegen den Schein,
die Zukunft ist offen, sind wir nicht sein?

T: Lothar Zenetti

M: Wolfgang Biersack


**Tanzbeschreibung:**

Aufstellung: Kreisform, Front zur Mitte, Handfassung. Schrittfolge: halbe Noten.

Alle gehen vier Schritte nach rechts, dann im halben Tempo rechts-links wiegen. Dann wieder vier Schritte nach rechts.

## *3. Musik*

- Johann Sebastian Bach, Konzert für Violine E-Dur (BWV 1042) 2. Satz: Adagio
- Ludwig van Beethoven, Symphonie Nr. 6 F-Dur, op. 68 (»Pastorale«) 4. Satz: Allegro (»Gewitter, Sturm«)

## *4. Wolken-Klangbilder*

Verschiedene Formen von Wolken werden angesehen, in der Natur, auf Fotos, Zeichnungen usw.
Zu jedem Wolkenbild wird ein Klangbild mit Orffinstrumenten erstellt, das zur Wolkenform passt (kleine, leichte Schäfchenwolken, Haufenwolken, graue Nebelwolken usw.).

## *5. Verklanglichung: Gewitter*

Besprechen, wie Gewitterwolken aufziehen, was sie mitbringen: Sturm, Regen, Blitz und Donner, die letzten Regentropfen, die Wolken, die sich wieder verziehen. Dann gemeinsam überlegen, wie und mit welchen Orffinstrumenten man das Gewitter nachspielen kann.

### *6. Verklanglichung: Elija hört das Rauschen des Regens*

Die Textstelle (1 Kön 18,41–46) wird gelesen. Jeder Person wird eine bestimmt Melodienfolge zugewiesen.

| **Text:** | **Verklanglichung:** |
|---|---|
| Elija | *Melodiefolge Metallofon* |
| Ahab | *Melodiefolge Xylofon* |
| Rauschen des Regens | *Reiben der Fingernägel und -kuppen auf einer Handtrommel* |
| Gehen | *Holzblocktrommel* |
| Meer | *Glissando auf Stabspielen* |
| kleine Wolke | *leichte Schläge mit Watteschlegel auf Handtrommel* |
| Sturm | *Rasseln, Nachahmen mit der Stimme* |
| Wolken | *Handtrommeln, schlagen (weiche Schlegel) und reiben mit der Handfläche* |
| Regen | *Trommeln mit den Fingerkuppen auf Hohlräume oder Handtrommeln* |

### *7. Liedbegleitung*

Gemeinsam überlegen, wie und mit welchen Instrumenten das Lied »Wolke, Wolke, dunkle Welt« (S. 174) angemessen begleitet werden kann, damit die Stimmung des Liedes unterstrichen wird.

## Bilder

- Fotos von unterschiedlichsten Wolkenformationen
- William Turner: Meer mit heraufziehendem Sturm
- Caspar David Friedrich: Der Wanderer über dem Nebelmeer

# Gestalten/Malen/Basteln

## *1. Gestaltung der Mitte*

- auf blaue Tücher aus weißen und grauen Tüchern einen Wolkenhimmel legen
- ein Wolkenmobile von der Decke über ein blaues Tuch herabhängen lassen
- »Über den Wolken« – auf ein blaues Tuch aus Watte ein Wolkengebirge legen aus der Flugzeugperspektive (von oben)
- auf ein blaues Tuch in die Mitte ein »Wolken-Poster« legen

## *2. Bilder malen*

**Material:**

Ölfarben, Aquarellfarben, Wasserfarben, Bleistifte, Papier

Zu folgenden Themen können Bilder gemalt oder gezeichnet werden:
- unterschiedliche Wolkenformationen in der Natur oder nach Fotos
- Landschaft mit blauem Himmel und Schönwetterwolken
- heraufziehendes Gewitter (als Bleistiftzeichnung)
- »Wolke vor der Sonne«
- Bild zum Thema »Über den Wolken« malen. Wie sieht die Wolkendecke wohl von oben aus?

## *3. Wolken-Rußdias*

**Material:**

Dia-Deckgläser, Kerze, Zahnstocher, Tesafilm, Diaprojektor

**Methode:**

Dia-Deckgläser über einer Kerze mit Ruß schwärzen, darin verschiedene Wolkenformen einritzen mit einem Zahnstocher oder einem anderen spitzen Gegenstand
Dann das bemalte Dia mit einem freien Deckglas zudecken und mit Tesafilm zusammenkleben und durch einen Diaprojektor betrachten.

## 4. Wolkenschatten

**Material:**

Zeitung, Tageslichtprojektor

**Methode:**

Aus Zeitungspapier werden verschiedene Wolkenformen gerissen (nicht größer als DIN-A6-Papier). Dann werden die verschiedenen Wolken auf einen Tageslichtprojektor gelegt und als Wolkenschatten an die Wand projiziert.

## 5. Wolkenmobile basteln

**Material:**

weißes Tonpapier, Watte, Mobilestäbchen, Bindfaden, Klebstoff, Schere

**Methode:**

Aus weißem Tonpapier werden 5 verschieden geformte Wolken doppelt ausgeschnitten. Zwei gleiche Wolkenteile werden aufeinandergeklebt und dazwischen ein Bindfaden befestigt. Die Wolken werden an dünnen Holzstäbchen befestigt und durch Verschieben ins Gleichgewicht gebracht.

## 6. Collage: Wolkenhimmel

**Material:**

großer Bogen blaues Tonpapier oder blauer Stoff, Watte, weicher weißer Stoff, schwarze Aquarell- oder Wasserfarben, Pinsel

**Methode:**

Auf einen himmelblauen Untergrund (Tonpapier oder Stoff) werden mit Watte und weißem Stoff verschiedene Wolkenformen geklebt. Anschließend vorsichtig mit Schwarz- und Grautönen (Wasserfarbe) einfärben.

### 7. *Fensterbild gestalten*

**Material:**

weißer Fotokarton, blaues Transparentpapier, Butterbrotpapier, Schere, Klebstoff

**Methode:**

Aus weißem Fotokarton ein Transparentbild gestalten, das verschiedene Wolkenformen enthält. Den Hintergrund mit blauem Transparentpapier auslegen, die Wolken mit Pergamentpapier (Butterbrotpapier). Für ein Fensterbild ist es gut, die Schablone doppelt auszuschneiden und das Transparentpapier dazwischenzukleben.

### 8. *Wolkenhimmel gestalten*

**Material:**

blaue, graue, weiße, schwarze, gelbe, orange, rote Tücher

**Methode:**

Mit den verschiedenfarbigen Tüchern werden auf einen himmelblauen Untergrund unterschiedliche Wolkenbilder nacheinander gelegt.

## Stilleübungen

*L = Leiter/in; TN = Teilnehmer/in. Jede freie Zeile im Sprechtext bedeutet eine längere Sprechpause.*

### 1. *Wolkenbilder*

Wir hören die Musik von Bach (s. S. 176).
Zu dieser Musik stellen wir uns verschiedene Wolkenbilder vor.
Dazu schließen wir die Augen.
Wenn wir die Musik zum zweiten Mal hören, malen alle ihre Wolkenbilder dazu gemeinsam auf einen großen Bogen Papier.

## *2. Vom Wolkenschloss träumen*

*Jeder TN hat vor sich Stifte und ein Blatt Papier liegen.*

*L spricht:*
In der Mitte sehen wir viele Wolken dargestellt.
Heute wollen wir eine Reise zum Wolkenschloss machen.
Wir schließen die Augen und beginnen zu träumen.

Am Himmel sehen wir die Wolken –
groß, weiß, dick und bauschig ziehen sie dahin.
Immer dichter werden sie.
Wir werden ganz leicht.
Im Traum beginnen wir zu schweben, den Wolken entgegen.

Der Himmel wird immer dunkler und grauer.
Jetzt haben wir die Wolken erreicht.
Sie hüllen uns ganz ein, wie in einen Nebel.
Aber wir steigen weiter.
Und jetzt müssen wir die Augen fest zumachen, so hell wird es auf einmal.
Wir sind über die Wolken hinaufgeklettert, und jetzt scheint die Sonne.

Im Traum schauen wir um uns und sind erstaunt:
Die Wolken unter und neben uns sehen aus wie ein wunderschönes Märchenschloss.
Die Sonne lässt alles golden erscheinen.
Ständig baut sie an dem Schloss:
Hier kommt ein Giebel weg, dort ein kleiner Edelstein hinzu.
Grenzenlos weit ist es hier über den Wolken.
Das Bild nehmen wir in uns auf.

Wir nehmen es mit, wenn wir jetzt wieder sanft hinuntergleiten –
durch die Wolkendecke hindurch – der Erde entgegen.

Wer wieder hier angekommen ist, kann die Augen öffnen und mit den Stiften vor sich ein Wolkenschloss auf das Blatt malen.

### *3. Wolkengucken*

In eine Wiese legen, ganz still sein und den Wolken nachsehen.

### *4. Gott verbirgt sich in der Wolke*

*L spricht:*
Gott ist groß.
Kein Mensch kann ihn anschauen.
Deshalb sagt die Bibel oft,
dass Gott sich hinter oder in einer Wolke verbirgt.
Wir lesen dort:
Eine Wolke erfüllte den Raum.
Oder:
Eine Wolke verbarg ihn vor ihren Blicken.
Oder:
Der Gipfel des Gottesberges war von einer Wolke verhüllt.
Oder:
Gott zog dem Volk Israel in einer Wolkensäule voran.

Die Bibel erzählt das so, weil die Menschen,
die es damals geschrieben haben, wussten:
Gott ist anders als alles,
was wir uns vorstellen können.
Kein lebender Mensch kann aushalten,
ihn zu sehen.
So viel Herrlichkeit,
so viel Liebe,
so viel Güte,
wie Gott sie hat,
passt in kein menschliches Herz,
in keinen menschlichen Verstand.
Gott ist größer und mehr,
als wir uns jemals vorstellen können.

*Elsbeth Bihler*

# Spiel und Aktion

## *1. Wolken stellen sich vor*

Nach einem Gespräch über unterschiedliche Erscheinungsformen von Wolken, schreibt jede/r TN eine Wolkenform mit buntem Stift auf einen breiten Papierstreifen. Sie heften sie auf graue/weiße/schwarze Tücher, die sie sich umhängen. Alle bewegen sich zunächst nach Musik frei im Raum umher. Dann bleiben alle im Hintergrund stehen. Eine Wolke tritt vor und sagt: »Ich bin die ... wolke. Wenn ich am Himmel erscheine, dann wissen die Menschen: Es gibt Regen/schönes Wetter/Sturm ...«
Dann tritt die Wolke zurück, die Musik beginnt wieder, alle gehen im Raum umher, bis die nächste Wolke vortritt.

## *2. Wolkengeschichten erzählen*

Alle sitzen auf einer Wiese und schauen in den Himmel, an dem unterschiedliche Wolken zu sehen sind. Die Wolken sehen aus wie Menschen oder Tiere oder Gegenstände. Eine/r beginnt, eine Geschichte zu erzählen, z. B.: »Siehst du da oben den Wal? Er schwimmt im blauen Meer.« Ein/e andere/r setzt fort: »Jetzt begegnet er einem Heringsschwarm ...«

## *3. Die Wolke*

Einige haben blaue Tücher umhängen und bilden den Himmel im Hintergrund. Das Gedicht »Die leise Wolke« (S. 172) wird vorgelesen. Dazu kommt eine/r mit einem weißen Tuch und weht vor dem blauen Himmel dahin. Jetzt folgt das Gedicht »Die Wolke« (S. 173). Ein/e Spieler/in mit einem weißen Tuch spielt zunächst die Wolke. In der zweiten Strophe kommen viele Spieler/innen mit grauen und schwarzen Tüchern und ziehen schnell vor dem Himmel dahin. Dazwischen einzelne Darsteller/innen mit gelben Tüchern, die blitzartig in den Vordergrund treten und wieder verschwinden. In der letzten Strophe ist wieder nur die letzte Wolke zu sehen, die dann auch wieder verschwindet. Zwischendurch kann Musik eingefügt und dazu getanzt werden, z. B. von Ludwig van Beethoven (s. S. 176).

### *4. Wettspiel: Auf Wolken getragen*

Es werden zwei Mannschaften gebildet. Jeweils 2–4 Personen müssen eine fünfte »Wie auf Wolken gebettet« eine bestimmte Strecke tragen, die wieder zur Mannschaft zurückführt. Alle müssen getragen werden. Wer zuerst fertig ist, hat gewonnen.

### *5. Wattepusten*

Auf einem Tisch, der in der Mitte durch eine Schnur geteilt ist, liegen an den beiden äußeren Kanten unterschiedlich eingefärbte Wattebäusche, auf jeder Seite eine andere Farbe. Es werden zwei Mannschaften gebildet. Jede Mannschaft muss auf ein Startzeichen hin versuchen, ihre Wattebäusche in das gegenüberliegende Feld zu pusten. Fällt ein Wattebausch zu Boden, muss von der Kante aus neu begonnen werden. Wer zuerst alle Wattebäusche im gegenüberliegenden Feld hat, hat gewonnen.

### *6. Film: Über den Wolken*

Da nicht jede/r die Möglichkeit hat, mit einem Flugzeug über die Wolken aufzusteigen, kann man gemeinsam einen Film ansehen, der einen Flug über den Wolken zeigt.

### *7. In die Wolken steigen*

An einem grau verhangenen Tag eine Wanderung auf einen Berg machen. Es kann sein, dass man von Wolken eingehüllt wird oder auch, dass man unter sich im Tal Wolkenfetzen fliegen sieht.

# Wind

## Einführung in das Symbol

»Wind« ist ein Symbol, das Menschen sehr unmittelbar erleben und erfahren – wenn auch oft unbewusst. Wenn von »Wind« die Rede ist, dann verbirgt sich dahinter eine vielschichtige Erscheinungsform. So begegnen wir dem Wind als Luft – Atem – Säuseln – Wehen – Wind – Sturm. Er ist unsichtbar und doch spürbar, ständig vorhanden. Er umgibt uns und ist in uns als Atem, ohne den wir nicht leben können. Erleben wir Momente der Windstille, dann wirken sie auf uns oft geheimnisvoll und bedrohlich, oft als sprichwörtlich gewordene »Ruhe vor dem Sturm«.
In seinen vielfältigen Erscheinungsformen bildet der Wind so etwas wie einen Spiegel menschlicher Gemütsverfassungen.
Atem bedeutet Leben. Atem einhauchen bedeutet Leben einhauchen, z. B. bei der Lebensrettung die Beatmung des Menschen. In den Märchen und Mythen sind es oft die Drachen, die einen giftigen Atem haben und so Unheil über die Menschen bringen.
Die Fähigkeit des Atmens erlaubt es Menschen und Tieren, die Welt zum Klingen zu bringen in Laut, Schrei, Sprache und Musik. Ohne Lebenshauch könnten wir nicht sprechen und singen oder gar auf Blasinstrumenten Musik machen.
Ohne Wind und Luftzug wären wir unfähig, Schwingungen zu hören oder den Geruchssinn zu betätigen. Ohne Wind könnten sich viele Pflanzen nicht fortpflanzen, da der Samen dann nicht verteilt würde. In diesen Formen ist der Wind auch ein Symbol der Kommunikation. Wenn der Wind aber in heftige Stürme übergeht, dann kann man ihm auch hilflos ausgeliefert sein.
Der Wind wurde von den Menschen immer schon als Macht erfahren, die Heil und Unheil bringen kann. Der Wind war in vielen Kulturen der »Atem Gottes«, der in die Welt kommt, also eine Art Kommunikationsform der Götter mit den Menschen. Oder aber die »Sturmgottheit« hatte selbst einen wesentlichen Platz in der Rangordnung der Götter.
Das Alte Testament spricht vom Geist Gottes oft als »ruach«, ein Begriff, in dem die Bedeutungen Wind – Sturm – Atem – Geist vereint sind. Wie der Wind, so ist auch Gott spürbar: unsichtbar und doch anwesend – manchmal sanft (Elija auf dem Gottesberg erlebt Gott als »sanftes Säuseln«), manchmal in Sturmesbrausen daherfahrend, wie es der Psalm 29 beschreibt. Bei der Erschaffung des Menschen haucht Gott Lebensatem ein.

Im Neuen Testament kommt der Geist Gottes wie ein gewaltiges Sturmbrausen zu den Menschen, das zunächst alle in Angst versetzt.
In unserer heutigen christlichen Liturgie kommt das Zeichen des »Ein- und Anhauchens« nicht mehr vor. In früheren Jahrhunderten wurde z. B. das in der Osternacht zu weihende Taufwasser in Kreuzform vom Priester angehaucht oder bei der Taufe der Täufling.

## Biblische Bezüge

### *1. Der Wind als Element*

| | | | |
|---|---|---|---|
| Exodus | 10,13.19 | Jeremia | 4,11–12 |
| | 14,21 | Jona | 1,4–16 |
| 2 Könige | 2,1.11 | | 4,8 |
| Ijob | 30,22 | Markus | 4,35–41 |
| Psalm | 103,15–16 | Lukas | 12,55–56 |
| | 107,25–31 | Apostelgeschichte | 27,14–26 |
| Kohelet | 11,4–5 | Offenbarung | 7,1 |
| Hoheslied | 4,16 | | |

### *2. Das menschliche Leben im Vergleich mit dem Wind*

| | | | |
|---|---|---|---|
| Ijob | 27,20–21 | Weisheit | 5,14 |
| Kohelet | 1,2–6 | Matthäus | 11,7 |
| | 2,1.11.17–23.26 | Johannes | 3,7–8 |
| | 3,19 | | |
| | 4,4.7–8.16 | | |
| | 5,6 | | |

### *3. Gott kommt im Wind*

| | | | |
|---|---|---|---|
| 1 Könige | 19,11–13 | Sacharja | 6,1–8 |
| Psalm | 29 | Apostelgeschichte | 2,1–2 |

## Geschichten/Texte

### *1. Der Bauer und das Wetter*

Es war einmal ein Bauer, der wollte nicht mehr davon abhängig sein, wie das Wetter zufällig wurde. Er meinte, eine richtige Planung des Wetters, von Sonne und Regen würde ihm mehr Ertrag bringen. Also ging er zu Gott und sagte: »So, wie du das Wetter machst, das passt mir nicht. Da ist mein Ertrag viel zu sehr von Zufällen abhängig. Lass mich doch einmal ein ganzes Jahr lang das Wetter bestimmen.«
Gott ließ sich darauf ein und so plante der Bauer sorgfältig jeden Regentag, den Sonnenschein und die richtige Temperatur. Das Korn gedieh prächtig und wuchs heran. Der Bauer freute sich auf die gute Ernte. Aber was musste er zu seinem Entsetzen feststellen? Keine einzige Ähre trug Frucht. Jede war leer. In seinem Übereifer hatte er den Wind vergessen.

### *2. Uraltes Wehn vom Meer*

Uraltes Wehn vom Meer,
Meerwind bei Nacht:
du kommst zu keinem her;
wenn einer wacht,
so muss er sehn, wie er
dich übersteht:
uraltes Wehn vom Meer,
welches weht
nur wie für Ur-Gestein,
lauter Raum
reißend von weit herein ...

O wie fühlt dich ein
treibender Feigenbaum
oben im Mondenschein.

*Rainer Maria Rilke*

## 3. Die Eiche und das Schilfrohr

Am Ufer eines Teiches stand eine Eiche: mächtig und stolz. Sie trotzte der Sonnenhitze und beugte sich keinem Sturm; denn ihre Wurzeln reichten tief. In der Nähe wuchs ein Schilfrohr auf feuchtem Grunde. Es sah schwach und zerbrechlich aus und verneigte sich vor jedem Wind.
»Du tust mir leid«, sagte die Eiche eines Tages. »Wärst du doch näher an meinem Stamm gewachsen, ich würde dich gerne vor den Stürmen beschützen!«
»Du bist sehr freundlich«, sagte das Schilfrohr bescheiden, »aber sorge dich nicht um mich. Kommt ein Sturm mit Gewalt, beuge ich mich bis zur Erde und lasse ihn über mich fortbrausen: Ich beuge mich, aber ich breche nicht!«
Die Eiche schüttelte trotzig ihr Haupt: »Ich leiste jedem Sturm Widerstand; niemals würde ich mich beugen!«
Ein schrecklicher Sturm kam über Nacht; er riss Blätter und Äste aus der aufrechten Eiche. Das Schilfrohr beugte sich bis zur Erde.
Der Sturm wurde zum Orkan. Mit seiner ganzen Wut zerrte er am trotzigen Baum – bis er ihn samt Wurzeln aus der Erde riss.
Als das Unwetter vorüber war, stand das kleine Schilfrohr aufrecht neben dem gestürzten Riesen.

*La Fontaine*

## 4. Die Geschichte vom Löwenzahn

Auf eine Wiese blühte einsam ein schöner, strahlend gelber Löwenzahn. Er fühlte sich allein auf der weiten Wiese. Er war traurig. So ging der Frühling vorbei und keiner hatte den strahlenden Löwenzahn beachtet.
Jetzt war er verblüht. Die schöne Farbe war verschwunden. Wie ein grauer Ball sah er jetzt aus mit seinen grauen Samen. Der Löwenzahn wurde immer trauriger. Jetzt war er einsam und dazu fand er sich sehr hässlich. Er hatte sein Strahlen verloren. Er sah nicht mehr aus wie eine kleine Sonne, sondern wie eine graue Regenwolke.

Und während er so traurig dastand, kam ein Wind. Der Wind trug alle seine Samen weg. Jetzt war der Löwenzahn kahl. Und vor lauter Kummer starb er.
Das Jahr ging vorüber. Ein neuer Frühling kam. Da sah man auf der Wiese viele kleine Sonnen blühen. Die Samen, die der Wind weggeweht hatte, waren neu erwacht. Kein Löwenzahn war mehr einsam und sie ahnten: Der Wind ist unser Freund. Er trägt uns weiter und erhält uns am Leben. Alle Menschen, die vorbeikamen, freuten sich über die vielen kleinen Sonnen.

*Elsbeth Bihler*



## 5. Hast du schon einmal den Wind gesehen?

Hast du schon einmal den Wind gesehen?
Du kannst ihn nicht sehen.
Du kannst ihn spüren.
Du kannst sehen, was er tut.
Du kannst ihn in den Dingen sehen,
die von ihm berührt werden.
Der Wind ist eine Kraft.
Er bewegt die Wolken.
Er bewegt die Segelschiffe.
Er bewegt die Windmühlen.
Er bewegt den Ballon.
Du kannst ihn hören und sehen in den Bäumen.
Du kannst dich von ihm treiben lassen.
Du kannst sehen, wie er mit den Blättern spielt.
Oder mit den Schneeflocken.
Du kannst einen Drachen steigen lassen,
weil der Wind weht.

*Elsbeth Bihler*

# Lieder/Tanz und Musik

## *1. Wind, Wind, der Samen weht*

2. Wind, der die Mühle dreht,
   sacht durch die Blumen geht,
   Wind, der den Sandsturm schafft:
   welch eine Kraft!

3. Wind, der zu Pfingsten weht,
   durch unsre Herzen geht.
   Geist, der die Freude schafft:
   welch eine Kraft!

4. Wind, der uns treibt wie Wind,
   dass wir nun Boten sind.
   Geist, der Gemeinde schafft:
   welch eine Kraft!

T und M: Wolfgang Longardt


**Tanzbeschreibung:**

Zu diesem Lied freie Bewegungen erfinden, die alle gleichzeitig nachahmen.

## 2. *Wind, Wind, Wind*

T und M: Wolfgang Longardt


**Tanzbeschreibung:**

Aufstellung: In kleinen Gruppen zu viert, die linken Hände in der Mitte gefasst. Front zur Kreisbahn. Schrittfolge: Viertelnoten.

1. Teil: Die kleinen Gruppen drehen sich rechts herum um ihre Achse, die durch die linken Hände gebildet werden. Am Ende Drehung und rechte Hände in der Mitte zusammenhalten.
2. Teil: Links herum drehen, wie oben.
3. Teil: Front zur Kreismitte. Hände zum Kreis durchfassen und rechts oder links herum hüpfen.

## 3. *Komm, allgewaltig heilger Hauch*

Gotteslob Nr. 242.

## 4. *Der Geist des Herrn erfüllt das All*

Gotteslob Nr. 249.

## 5. Songs

- Reinhard Mey: Der Wind geht allezeit über das Land
- Bob Dylan/H. Bradtke: Die Antwort weiß ganz allein der Wind

## 6. Musik

- Wolfgang Amadeus Mozart, Konzert für Flöte und Harfe mit Orchester C-Dur, KV 299
- Ludwig van Beethoven, Klaviersonate Nr. 23 f-Moll, op. 57 »Appassionata«
- Frédéric Chopin: Grande Valse brillante Nr. 1 Es-Dur, op. 18 Vivo

## 7. Verklanglichung: Wind

Zunächst werden verschiedene Arten von Wind benannt (sanft streichelnd, Sturm, Orkan, Wind in den Blättern, über dem Meer usw.) und aufgeschrieben. Dann werden die Arten ausgewählt, die verklanglicht werden sollen, und anschließend suchen alle gemeinsam für jede Art die richtigen Instrumente/Geräusche.

## 8. Verklanglichung: Die Eiche und das Schilfrohr

| **Text:** | **Verklanglichung:** |
|---|---|
| Eiche | *tiefe Töne auf dem Xylofon oder Melodie, begleitet von Handtrommelschlägen* |
| Schilfrohr | *Glockenspielmelodie, begleitet von Triangelschlägen* |
| Sturm/Wind | *Reiben auf Trommelflächen, Stimmengeräusche* |

## 9. Flötenkonzert

Miteinander mehrstimmig auf Blockflöten spielen.

### *10. Verklanglichung: Die Stillung des Seesturmes (Markus 4,35–41)*

Der Geschichte folgend, werden alle Geräusche gesammelt, die man hören könnte, wenn man einer von den Jüngern wäre: Wellenschlag, sanfter Wind, Ruderschläge, Sturm, Stille. Dann werden dazu Instrumente gesucht. Die Geschichte beim Vorlesen verklanglichen.

## Bilder

- Goldenes Evangeliar Heinrichs III.: Das Wandeln Jesu auf dem Meer (1045–1046)
- Caspar David Friedrich: Der Mönch am Meer (Ausschnitt)
- Kees de Koort: Jesus und der Sturm
- Künstlerische Darstellungen vom Seesturm, auf denen besonders die Kraft des Sturmes zu sehen ist.
- Fotos von Dingen, die vom Wind bewegt werden: Segelboot mit vollen Segeln, Drachen, Windmühle, Bäume, die sich im Wind bewegen usw.

## Gestalten/Malen/Basteln

### *1. Gestaltung der Mitte*

- in die Mitte werden auf farbige Tücher selbst gebastelte Gegenstände gestellt, die vom Wind bewegt werden: eine Windmühle (grünes Tuch), ein Papierschiffchen (blaues Tuch), ein Drachen (blaues Tuch) usw.
  Variante: Alle Gegenstände gemeinsam auf ein Tuch legen.
- auf ein farbiges Tuch werden Fotos (oder gemalte Bilder) von unterschiedlichen Gegenständen, die vom Wind bewegt werden, gelegt

## 2. Bilder malen

**Material:**

Wasserfarben, Abtönfarben, Kreiden, Papier

Zu folgenden Themen können gut Bilder gemalt werden:
- Der Sturm auf dem Meer
- Jona
- Segelschiff auf dem See
- Windmühle
- Herbstwind (auch als großes Gemeinschaftsbild)

## 3. »Windbuch« herstellen

**Material:**

kleine Zettel, Buntstifte, Heftklammern

**Methode:**

Auf kleinen Zetteln, die alle gleich groß sind, wird immer die gleiche Szene gemalt, z. B. ein Baum, der sich im Wind wiegt (zur Seite neigt, z. B. nach rechts). Der Baum wird von der Sonne beschienen (rechts oben), der Himmel ist blau. Das Einzige, was sich von Blatt zu Blatt ändert, ist eine Wolke, die von links her auf jedem Zettel immer mehr Raum einnimmt, bis sie schließlich die Sonne verdeckt. Wenn man noch weitermalen will, kann die Wolke auch am rechten Bildrand nach und nach verschwinden. Die einzelnen Blätter werden nun sorgfältig aufeinandergelegt und am linken Rand mit Heftklammern zusammengeheftet. Jetzt kann man mit dem rechten Daumen ganz schnell Blatt für Blatt blättern lassen, sodass es so aussieht, als bewegte sich die Wolke, vom Wind getrieben, am Himmel entlang.

## 4. Bilderbuch: Die Geschichte vom Löwenzahn

Auf weiße DIN-A4-Blätter werden die einzelnen Szenen der Geschichte gemalt.

## 5. *Malen mit Musik*

**Material:**

Kreiden, Papier
Zu einer Musik, die die Vorstellung von Wind geben kann (s. S. 193), malt jeder nach seinen Eingebungen zum Thema »Wind« ein Bild.

## 6. *Wasserfarben-Puste-Bild*

**Material:**

dicke Haarpinsel, Papier, Wasserfarben

**Methode:**

Die Pinsel werden gut nass gemacht und mit Farbe getränkt. Dann werden sie über einem großen Blatt Papier ausgeschlagen, damit dicke Tropfen auf dem Papier liegen. Diese Tropfen werden dann durch Pusten auseinandergetrieben. Dadurch entstehen sehr interessante Figuren. Dieser Vorschlag eignet sich sehr gut auch als Gemeinschaftsbild.

## 7. *Buntpapier-Pustebild*

**Material:**

bunte Papierschnipsel (auch Transparentpapier), Klebstoff, Pappe, großer Bogen Papier, Schere oder Locher

**Methode:**

Bunte, möglichst kleine Papierschnipsel werden hergestellt, aus Buntpapier geschnitten oder mit einem Locher ausgestanzt und auf einen Pappkarton gelegt. Hinter dem Pappkarton liegt ein großer Bogen weißes Papier, der ganz mit Klebstoff bestrichen wird. Dann werden die bunten Papierschnipsel auf das Blatt mit Klebstoff geblasen.
Variante: Die bunten Papierschnipsel aus Transparentpapier herstellen und auf eine mit durchsichtigem Klebstoff bestrichene Glasscheibe pusten.

## *8. Drachen bauen*

**Material:**

2 Rundhölzer, Klebstoff, Transparentpapier (Stoff), Schnur

**Methode:**

Die Rundhölzer in Kreuzform zusammenbinden. Um die vier Enden von einem Ende zum anderen die Schnur spannen, damit der äußere Umriss eine Raute wird. Um die Raute herum Transparentpapier kleben oder leichten Stoff (z. B. Taft) spannen (auch mit Heftklammern). An den Schnittpunkt des Kreuzes die lange Schnur binden, an der der Drache in die Luft gelassen wird. Wer möchte, kann an dem unteren Ende des Kreuzes noch eine Schnur mit bunten Schleifen aus Transparentpapier oder Krepppapier als Drachenschwanz befestigen.

## *9. Windrad/Windmühle bauen*

**Material:**

quadratisches Papier (möglichst etwas festeres Tonpapier), Schere, Stecknadeln mit Köpfen, Klopapierrollen, buntes Papier, Rundhölzer

**Methode:**

Das quadratische Papier zweimal diagonal falten, sodass die Falten in der Mitte ein Kreuz bilden. An den vier Faltkanten entlang bis zur Mitte einschneiden. An jeder Kante eine Ecke bis zur Mitte biegen und dadurch eine Stecknadel stechen. Das so entstandene Windrad mit der Stecknadel an einem Rundholz befestigen und in einen Blumenkübel ins Freie stellen.
Wem man anstelle des Rundholzes eine Klopapierrolle nimmt, darauf aus einem Kreis ein Dach baut und die Klopapierrolle bunt beklebt und mit Türen und Fenstern bemalt, dann hat man eine kleine Windmühle.

## *10. Herbstblättercollage*

**Material:**

bunte Herbstblätter, Papierbogen, Klebstoff

**Methode:**

Auf einem großen Bogen Papier wird zum Thema »Der Herbstwind bläst die Blätter vor sich her« aus den bunten Herbstblättern eine Collage mit den unterschiedlichsten Figuren geklebt: Trichter – Spiralen – Chaos usw.

## *11. Windharfe bauen*

**Material:**

kleine, am oberen und unteren Rand durchbohrte Metallplättchen, Bindfaden, Stäbchen

**Methode:**

An fünf gleichlangen Bindfäden werden im gleichen Abstand kleine Metallplättchen befestigt. Die Bindfäden werden in so geringem Abstand oben an einem Stäbchen befestigt, dass sie einander berühren können. In der Mitte des Stäbchens wird noch ein Bindfaden zum Aufhängen der Windharfe befestigt. Jetzt kann die Windharfe in ein offenes Fenster oder in den Garten gehängt werden. Wenn dann der Wind durchbläst, klingt die Windharfe.

## Stilleübungen

*L = Leiter/in; TN = Teilnehmer/in. Jede freie Zeile im Sprechtext bedeutet eine längere Sprechpause.*

### *1. Wind und Luft*

*Alle sitzen im Kreis.*

*L spricht:*
Wir schließen die Augen und träumen vom Wind.
Wir stehen im Haus vor der Haustür.
Wir öffnen die Türe und spüren den ersten Lufthauch.

Geh hinaus!
Du spürst die Luft.
Sie dringt in dich ein.
Du spürst den Atem.
Er strömt in dich ein.
Er kommt aus dir heraus.
Du kannst leben.
Geh hinaus, wenn der Wind weht!
Du spürst seine Kraft.
Er kann wehen, brausen, stürmen.
Er kam dich streicheln.
Er kann deinen Drachen steigen lassen.
Er lässt die Blätter wirbeln.
Er bewegt die Wolken.
Du kannst dich von ihm treiben lassen.
Der Wind sagt:
Ich bin leise und laut.
Ich kann säuseln und pfeifen.
Ich kann kühlen und blasen.
Ich bin sanft und wild.

*Sr. Ester Kaufmann*

Aus: Der Sonnengesang des Heiligen Franziskus, 1983.

### *2. Mit allen Sinnen den Wind wahrnehmen*

*L spricht:*
Wir gehen hinaus auf eine Wiese.
Dort legen oder setzen wir uns ins Gras.
Wir schließen die Augen.

Wir spüren den Wind auf unserer Haut.

Wir hören, wie der Wind in den Blättern spielt.

Wir öffnen die Augen und schauen, wie der Wind Bäume, unsere Kleider, die Wolken, das Gras (usw.) bewegt.

### *3. Baum im Wind (Einschwingen)*

*L spricht:*
Alle verteilen sich im Raum.
Wir schließen die Augen.
Wir stellen uns vor, wir sind Bäume, die sich im Wind bewegen.

*Ein Musikstück soll die Vorstellung erleichtern (s. S. 193).*

## Spiel und Aktion

### *1. Windspiele (Ballett)*

**Material:**

viele bunte Tücher, Musik

Dinge, die vom Wind bewegt werden, werden benannt und unter die Mitspieler/innen verteilt. Zum Verdeutlichen der Rolle bekommt jede/r Mitspieler/in ein farbiges Tuch. Mögliche Rollen sind z. B. Wolken, Bäume, Wasser, Gräser, Blätter, Blumen. Die Musik, zu der das Spiel als Ballett getanzt werden soll, wird angehört und dann die Reihenfolge des Erscheinens, die Art der Bewegung, der Ort auf der Bühne oder Spielfläche besprochen und ausprobiert. Dann wird zur Musik gespielt.

## 2. *Spiel: Die Eiche und das Schilfrohr*

Die Kulisse wird mit Tüchern gelegt: Teich und Wiese. Jemand stellt die mächtige Eiche dar, die starr und fest steht, jemand anders das Schilfrohr, das hin- und herschwankt. Die Sonne wird mit gelben Tüchern dargestellt, der Sturm mit weißen, grauen und schwarzen Tüchern, die stark bewegt werden. Das Spiel kann gut von dem Verklanglichungsvorschlag (S. 193) begleitet werden.

## 3. *Papptheater: Jona*

Ein Papptheater wird hergestellt (siehe Papptheater: Frederick, S. 142) mit den Kulissen und Figuren der Jonageschichte: Meer, Schiff, Jona, Seeleute, Fisch, Stadt Ninive, Leute von Ninive, Rizinusstaude usw. Dann wird die Jonageschichte gelesen und dazu im Papptheater gespielt. Die »Geräuschkulisse« sollte hierbei auch gut ausgewählt werden.

## 4. *Bewegungsspiel: Der Sturm auf dem Meer (Mk 4,35–41)*

Die Geschichte vom Sturm auf dem Meer wird frei erzählt und dabei viel Wert auf die Beschreibung der Landschaft, des Wetters und der Wellen gelegt. Beim Erzählen vollziehen die Zuhörer/innen die Bewegungen der Geschichte mit: das Rudern der Jünger, die erst kleinen dann immer höher werdenden Wellen, das Sturmbrausen, die Stille.

## 5. *Der Wind als Spielgefährte*

Bei starkem Wind einen Spaziergang machen. Dabei bewusst erleben, wie es ist, wenn man sich vom Wind vorantreiben lässt oder wenn man sich ihm entgegenstellt. Vielleicht auch zwei Wettrennen machen: eins mit dem Wind und eins gegen den Wind.

### *6. Drachen steigen lassen*

Die selbst gebastelten (oder auch gekauften) Drachen an einem windigen Tag steigen lassen und dabei die Kraft des Windes spüren.

### *7. Segelfliegen*

Wenn man die Gelegenheit hat, kann es eine gute Erfahrung sein, einmal bei einem Segelflug mitzufliegen und zu spüren, wie das Flugzeug und man selbst vom Wind getragen wird.

### *8. Segelboot fahren*

Wenn es möglich ist, auf einem Segelboot einmal eine Fahrt mitmachen. So lernt man die Kraft des Windes gut kennen.

### *9. Windmühle besichtigen*

Gemeinsam eine Windmühle und deren Funktionen besichtigen. Vielleicht ist es möglich, eine solche Konstruktion mit technischem Spielzeug nachzubauen.

### *10. Auf Flaschen blasen*

In leere Weinflaschen wird in unterschiedlicher Höhe Wasser gefüllt. Dann versuchen alle, auf dem Flaschenhals zu blasen und Töne zu erzeugen. Wenn es allen gelingt, kann versucht werden, eine Tonleiter oder ein Lied mit den unterschiedlich gefüllten Flaschen zu blasen. Jede Flasche ein Ton, also ein Melodiepuzzle!

### *11. Windgeräusche auf Kassette aufnehmen*

An einem windigen Tag mit einem Kassettenrekorder nach draußen gehen und »Windgeräusche« aufnehmen: die Blätter im Wind, das Pfeifen des Windes durch Ritzen und um Ecken usw.

## *12. Unser Atem – unser Leben*

Wir stellen uns einmal ganz gerade hin, lassen die Arme locker hängen und atmen ganz bewusst tief ein. Wir spüren, wie die Luft in uns eindringt und wie wir sie wieder abgeben müssen. Wir probieren unterschiedliche Atemtechniken aus: Zwerchfellatmung – Atmen mit dem Brustkorb. Wir entdecken die Bewegungen, die unser Körper beim Atmen macht. Wir versuchen, wie lange wir den Atem anhalten können.

## *13. Wettpusten mit Tischtennisball*

Drei Latten werden hochkant auf eine asphaltierte Strecke oder einen Steinboden gestellt, so, dass zwei Bahnen entstehen. (Bei mehr als zwei Mitspielern oder Mitspielerinnen entsprechend mehr Latten.) An beiden Enden der Bahn wird eine Begrenzungslinie als Start und Ziel gelegt oder mit Kreide gezeichnet. An die Startlinie wird in jede Bahn ein Tischtennisball gelegt. Die Mitspieler/innen pusten nun den Ball auf ein Startzeichen hin um die Wette die ganze Bahn entlang. Wer zuerst den Ball hinter die Ziellinie gepustet hat, ist Sieger/in.

## *14. Videofilm drehen*

Mit einer Videokamera einen Film zum Thema »Was der Wind bewirkt ...« drehen und vorführen.

# Feuer

## Einführung in das Symbol

Blitz – Feuer – Glut – Asche, das sind Worte, die wir mit dem Sammelbegriff »Feuer« verbinden. Bei kaum einem anderen Symbol steht uns die Ambivalenz so vor Augen. Auf der einen Seite ist das Feuer etwas Bedrohliches. »Feuer!« Dieser Ausruf versetzt alle im Umkreis sofort in Alarmbereitschaft. Die »Feuerwehr« wird gerufen, um einen entstandenen Brand zu löschen. Den vernichtenden und verzehrenden Aspekt des Feuers können wir erkennen, wenn ein Haus in Flammen aufgeht, wenn wir Bilder eines Waldbrandes, Steppenbrandes oder Vulkanausbruchs sehen.
Auf der anderen Seite bedeutet Feuer auch: Licht, Wärme, Geborgenheit, Gemütlichkeit, Romantik. So zum Beispiel am Lagerfeuer und am Kaminfeuer. Im »olympischen Feuer« wird etwas von »Ruhm und Ehre« versinnbildlicht.
Weil das Symbol »Feuer« so doppeldeutig ist, werden mit ihm auch grundlegende Lebenserfahrungen im Bild ausgedrückt, z. B. das verzehrende Feuer des Zornes und der Leidenschaft oder die wärmende, belebende Glut der Liebe oder das (Schmiede-)Feuer, das vieles (sogar Eisen) umformen kann.
Begeisterung – Liebe – Hass – Zorn – Leiden – Läuterung – Reinheit sind Begriffe, die wir mit Feuer in Verbindung bringen. Auch in Redewendungen wird das deutlich. Hier einige Beispiele: in Liebe entbrennen – Feuertaufe – Feuer und Flamme sein – mit dem Feuer spielen – einer hat Feuer gefangen – Feuer unterm Dach haben – in mir kocht ein Vulkan.
Feuer hat wohl für den Menschen seit jeher eine große Anziehungskraft gehabt. Die Urvölker sahen im Feuer ein Geschenk des Himmels, das die Götter ihnen im Blitz auf die Erde schicken. Manchmal ist es selbst eine Gottheit, wie z. B. der indische Feuergott Agni.
Der Mensch hat das Feuer gezähmt und sich zunutze gemacht. Zunächst hat er es aufbewahrt und mit sich getragen, wenn es ihm durch Blitze vom Himmel geschenkt worden war. Es hat einige Zeit gedauert, bis er selbst in der Lage war, Feuer zu machen. Deswegen blieb Feuer eine Gabe der Götter. Die Macht über das Feuer bedeutete eine große Steigerung der Lebensqualität für die Urvölker und – das Feuer konnte auch als Waffe gegen Feinde eingesetzt werden. Das Thema »Brandstiftung« ist auch in unserer Zeit noch aktuell.
Bei Nomadenstämmen wird Feuer sorgsam gehütet und vorsichtig mitgetragen. Das Feuer wird nur besonders angesehenen Men-

schen anvertraut. Bei sesshaften Völkern hat es seinen Ort am Feuer der Familien und auch als Feuer im Heiligtum, das nicht verlöschen darf. Das Feuer, die heilige Flamme, finden wir in sehr vielen Kulten, bis hin zum »ewigen Licht«, das heute noch in den katholischen Kirchen brennt.

In einigen Märchen kommt die Wandlungskraft des Feuers zum Ausdruck: Menschen, die tagsüber Tiere sind und nachts zum Menschen werden, können ihre menschliche Gestalt behalten, wenn ihre Tierhaut ins Feuer geworfen und verbrannt wird. Damit wird ein Wandlungsprozess angedeutet, der im christlichen Bild des »Fegefeuers« als Feuer der Läuterung seine Fortsetzung findet.

Feuer- und Brandopfer waren und sind in vielen Religionen von großer Bedeutung und auch im Alten Testament für das Volk Israel vorgeschrieben.

Neben dem Fegefeuer als Feuer der Läuterung und Reinigung steht das ewige, vernichtende Feuer der Hölle als Bild der Abwendung von Gott, so, wie es im Neuen Testament öfter erwähnt wird.

Auch der Gott Israels und der Christen erscheint im Feuer, so z. B. im Alten Testament dem Mose im brennenden Dornbusch oder im Neuen Testament in der Geistsendung am Pfingsttag.

In der christlichen Liturgie ist die Feuersymbolik im Osterfeuer und der daran entzündeten Osterkerze, die ihre Flamme an alle Gläubigen weiterreicht, fortgesetzt. In diesem Feuer wendet sich der auferstandene Christus selbst den Menschen zu.

Auch die Asche als Restbestand des Feuers hatte in allen Kulturen eine zentrale Bedeutung. Als Zeichen der Trauer streuten sich Menschen Asche auf den Kopf oder bemalten sich mit Asche. »Sich Asche aufs Haupt streuen« war auch ein Eingeständnis von Schuld und damit verbunden gleichzeitig der Wille zur Umkehr. In dieser Bedeutung erleben wir noch heute das Symbol der Asche im Zeichen des Aschenkreuzes, das am Aschermittwoch in den katholischen Kirchen den Gläubigen auf die Stirn gezeichnet wird.

Die Asche ist aber auch Zeichen der Fruchtbarkeit und Reinigung. In der Mythologie wird das deutlich im Bild des Vogels Phönix, der die Seele des Sonnengottes verkörperte und der sich in gewissen Abständen selbst verbrennen sollte, um aus der Asche neu aufzusteigen. Wegen dieser Sage wurde der Vogel Phönix in der Kunst auch ein Sinnbild des Todes und der Auferstehung Christi. Aus der Asche neu geboren werden – darauf vertrauten auch Bauern, die sich vom Verbrennen ihrer Stoppelfelder eine größere Fruchtbarkeit des Bodens erhofften.

## Biblische Bezüge

### *1. Blitz*

| | | | |
|---|---|---|---|
| Exodus | 9,23–24 | Baruch | 6,60 |
| | 19,16 | Ezechiel | 1,13–14 |
| Ijob | 36,32 | Daniel | 10,6 |
| | 37,3–4 | Matthäus | 24,27 |
| Psalm | 77,19 | | 28,3 |
| | 97,4 | | |

### *2. Feuer*

| | | | |
|---|---|---|---|
| Exodus | 22,4–5 | Weisheit | 16,7 |
| 2 Könige | 2,11 | Jesaja | 44,15–20 |
| Sprüche | 26,18–21 | Lukas | 12,49–53 |

### *3. Feuer der Vernichtung*

| | | | |
|---|---|---|---|
| Genesis | 19,23–29 | Ezechiel | 15,1–8 |
| Levitikus | 10,1–2 | | 21,1–5 |
| Numeri | 11,1–3 | | 22,17–22 |
| Deuteronomium | 13,17 | Matthäus | 13,40–43 |
| Psalm | 18,8–16 | Markus | 9,43–48 |
| Jesaja | 10,16–19 | | |
| | 33,10–14 | | |

### *4. Feuer der Läuterung*

| | | | |
|---|---|---|---|
| Judit | 8,26–27 | Matthäus | 3,10–12 |
| Psalm | 66,8–12 | Markus | 9,49 |
| Jesus Sirach | 2,1–6 | 1 Korinther | 3,12–15 |
| Jesaja | 6,1–8 | | |

### 5. *Feuer als Empfindung*

| | | | |
|---|---|---|---|
| Psalm | 39,4 | Lukas | 24,32 |
| Hoheslied | 8,6–7 | Jakobus | 3,5–6 |
| Jeremia | 5,14 | | |

### 6. *Opferfeuer*

| | | | |
|---|---|---|---|
| Genesis | 22,6–9 | Richter | 6,21 |
| Exodus | 29,18 | 1 Könige | 18,22–40 |
| Levitikus | 1,1–17 | 1 Korinther | 13,3 |
| | 7,28–38 | | |

### 7. *Gott im Feuer*

| | | | |
|---|---|---|---|
| Exodus | 3,1–6 | Psalm | 29,7 |
| | 13,21 | Daniel | 3,1–97 |
| | 19,18 | Apostelgeschichte | 2,3–4 |
| | 24,17 | 2 Thessalonicher | 4,6–8 |
| 1 Könige | 19,12 | Hebräer | 12,28–29 |

### 8. *Asche*

| | | | |
|---|---|---|---|
| Numeri | 19,1–10 | Ester | 4,1 |
| Josua | 7,6 | 2 Makkabäer | 13,5 |
| 2 Samuel | 13,19 | Ijob | 2,8–12 |
| Judit | 4,11 | Jesaja | 44,20 |

## Geschichten/Texte

### *1. Feuer*

Wir sind unterwegs mit Rucksack und Zelt. Wir lassen uns nach langem Tag nieder zur Rast. Dämmerung fällt ein – ein lauer Sommerabend. Alle sind müde geworden. Und doch, obwohl die Beine schwer geworden sind und der Hunger groß, machen sich einige auf und sammeln Holz. Sobald das Feuer entfacht ist, lassen sich alle bei ihm nieder. Es ist, als flammte mit der ersten Flamme das Leben nochmals mächtig auf. Im Holzstoß funkt und knistert und kracht es wie in einem Bündel voller Leben. Wir fangen zu singen an, ausgelassen, übermütig. Unsere Melodie wird geführt und geschürt durch das lodernde Feuer.
Allmählich wird es ruhiger. Das Singen verstummt. Alle Augen blicken in dieselbe Richtung, ins Feuer. Wir rücken zusammen und verspüren die Verbundenheit, die der Tag wachsen ließ und die Wärme, die vom Feuer ausgeht. Dem Feuer nahe, kommen wir uns einander nahe.
Die Flamme ist voller Durst. Wie eine Schlange züngelt sie nach oben, unruhig, unersättlich. Sie leckt und verzehrt in Leidenschaft alles, was sie ergreifen kann. Zur Auflösung bringt sie, was sie erreichen kann. In Schutt und Asche wird verwandelt, was dem Flammentod anheimfällt. Voller Leidenschaft, voller Drohung, voller Unruhe ist das Feuer. Schwer ist es zu bändigen.
In den Augenblicken des Schauens und Horchens spüren wir es. Zwei Seiten hat das Feuer. Es ist Element, das Licht und Wärme bringt, das Leben spendet. Es ist aber auch das Unheimliche, Bedrohliche, Zerstörende, die Gewalt der Feuersbrunst, die Verderben sät und in Schutt und Asche legt.
Was aber Bestand hat im Feuer, ist geläutert, wird unzerstörbar.

*Lorenz Zettl*

Aus: Religionspädagogische Praxis, Handreichungen für elementare Religionspädagogik, Jhg. 1981, Nr. IV, S. 29. 

## *2. Das Schmiedefeuer*

»Es gibt nichts, das vom Feuer nicht verbrannt werden kann.«
So sagte mein Vater früher, und er musste es wissen, denn er war Schmied. Es hat mich immer wieder begeistert, wenn die Luft durch die Kohlen zischte und die Eisenstücke hellglühend und weißlich rauchend aus der Esse gerissen wurden.
Besonders aufregend war es, wenn die Bauern ihre Pferde zum Beschlagen in den Hof führten, vor allem bei den jungen Hengsten, die voller Unrast den Kopf zurückwarfen, zu tänzeln begannen und die Nüstern blähten, wenn sie das versengte Horn von den Hufen ihrer Vorgänger witterten.
Die Pferde wurden sehr nervös und steckten mit ihrer Angst und der aufkommenden Ungeduld viele andere an.
Anders mein Vater, er wirkte sehr besonnen und mächtig, sprach geduldig und beruhigend auf die Tiere ein, ging zurück zur Esse, holte das hellrote, glühende Eisen mit der Zange hervor, schmiedete es rund und flach, dass die Funken nur so stoben, drehte es immer wieder kunstfertig mit der Greifzange und gab mit dem schweren Hammer und wenigen Hieben dem Stück die endgültige Form. Dann ging er seelenruhig dicht an das Pferd heran und riss ihm blitzschnell die Hinterhand hoch. Der Bauer, der danebenstand, übernahm das angewinkelte Bein, und das Tier konnte nun nicht mehr davongaloppieren. Jetzt brachte der Gehilfe das glühende Hufeisen aus der Esse, ließ es kurze Zeit kühlen, sodass es eine dunkelrote Farbe annahm, dann vermochte Vater das brandheiße Eisen auf den Horngrund des Hufes einzubrennen. Es roch scharf, und der fliehende Rauch schlug beißend und durchdringend in die Nase.
Das Hufeisen schmolz in die Hornmasse hinein und konnte unmittelbar danach mit einigen kurzen Eisenstiften befestigt werden. Dieser Vorgang wiederholte sich an jedem Bein, bis das Pferd vollständig beschlagen war und mit klirrenden Hufen aus dem Hoftor trabte. Das Hochreißen des jeweiligen hinteren Beines musste mit viel Entschlossenheit und Kraft und vor allem zum richtigen Zeitpunkt geschehen, und es war ganz wichtig, dass es von der Seite erfolgte, damit das nervöse und misstrauisch gewordene Tier nicht nach hinten ausschlug und Vater verletzte.
Ich war immer ganz stolz auf ihn, wenn er die Hufe hochriss, so als wäre es nichts. Auch wenn die Bauern nichts sagten, so hatten sie doch großen Respekt vor ihrem Schmied. Das konnte man spüren.

Oft saß ich auch allein vor der Esse und bediente den Blasebalg. Die Luft fauchte durch die Kohlen, und das hochschießende Feuer wirbelte gegen den Rauchfang.
Die Leuchtkraft hatte etwas Ursprüngliches, Bedrohliches und Hoffnungsvolles zugleich. Das Feuer veränderte zwar seine Farbe und seine Gestalt, aber es blieb immer klar und eindeutig. Vielleicht war es dieses Eindeutige, diese Kraft, welche von ihm ausging, jenes Geheimnis von Licht und Wärme einerseits und die Gefahr des Verbrennens andererseits, was mich so anzog.
Ich erinnere mich an einen Spätsommertag. Mein Vater hielt ein schönes Stück Eisen in der Esse und schimpfte nicht, wenn ich den Blasebalg übermächtig trat. Das glühendgelbe Feuer durchdrang das Eisen, durchwanderte das grobkristalline Gefüge wie ein Flammenrad, verdichtete die Masse, damit sie dehnbar und feinkörnig werde. Danach riss er den glühenden Werkstoff blitzartig herunter auf den Amboss und hieb auf das weiche und formbare Stück Eisen. Nach wenigen Sekunden hatte er ihm eine grobe Form verliehen, und später nahm ich wahr, dass es ein Wetterhahn wurde. Der Körper blieb schlank und langgezogen, die Schwanzfedern waren vom Wind gezaust, an das Standbein hatte er einen Dorn geschmiedet. Den angewinkelten Fuß trug der Hahn hocherhoben, als wolle er gerade weglaufen. Kamm und Backenlappen fertigte Vater aus angekrümmten Kleinteilen.
Es ging alles sehr schnell, und doch hatte es Gesicht. Als Vater fertig war, senkte er den Hahn in den Löschtrog neben der Esse. Es zischte und dampfte wie immer und das Wasser sprudelte und gischtete auf.
Bald durfte ich ihn herausholen.
»Er gehört dir!«, sagte mein Vater. Ich freute mich wie ein reicher König. Der Hahn war wirklich wunderschön, und es war eigentlich viel zu schade, dass ich ihn aufs Dach stellen sollte.
»Den hast du wirklich prima geschmiedet«, lachte ich meinen Vater an. »Das Feuer ist die Hauptsache«, meinte er, »ohne Feuer kann ich das grobe Metall nicht zum feinen machen, ich kann nichts verwandeln, nichts verdichten, nichts verändern, verstehst du?«
Mein Vater schaute mich an. Damals habe ich es verstanden und doch nicht ganz verstanden. Heute verstehe ich es ein bisschen.
Eines Tages verstarb der beste Freund meines Vaters. Wir waren sehr betroffen und Vater sprach nichts mehr. Er war traurig und sinnierte vor sich hin und war gleichzeitig gespannt bis zum Zer-

reißen. Er verkroch sich in die Schmiede. Plötzlich begann er mit besonderer Härte zu arbeiten. Mächtige Schläge dröhnten durch die Gewölbe. Ich sah, wie er zwei Riesenstücke schweren Eisens in die Esse stieß und den Blasebalg bediente, als wolle er den Rauchfang zum Glühen bringen. Das Feuer durchdrang das Metall gelbglühend. Die ganze Esse stand in einem hellroten Flammenmeer. Dann zog Vater die Eisen heraus, hieb mit Riesenkräften und mit unverminderter Wucht auf die Metallstücke. Seine ganze Ohnmacht, all seine Wut und Traurigkeit packte er in seine verzweifelten Hammerschläge. Trotz seiner Besessenheit und Stärke konnte er den Tod nicht rückgängig machen. Zum Schluss war er ermattet und erschöpft. Der Schweiß rann ihm in Strömen übers Gesicht, Haare und Nacken.
Er hatte ein großes Grabkreuz geschmiedet. Das senkrechte und waagrechte Eisen war so zusammengenietet, als wäre es eins. Es gefiel mir besonders gut, nicht nur weil es Vater gemacht hatte, sondern weil es so schön einfach und schlicht war.
Ich habe später nie mehr ein solches Kreuz gesehen, aber die erneuernde Kraft des Schmiedefeuers, seine flammende und durchscheinende Helligkeit sind mir im Gedächtnis geblieben.
Auch über den Satz, dass wir ohne Feuer das Grobe nicht zum Feinen hin verwandeln können, denke ich noch heute nach.

*Kurt Hock*



## *3. Die Kochstelle*

In unserer Kochecke brennt das Kochfeuer.
Wir heizen mit Kohle oder Holz. Es duftet und raucht.
Im Kessel bruzzelt das Essen oder Wasser für Tee
oder zum Waschen.
Uns macht es Spaß, draußen zu kochen.
Aber viele Menschen sind dazu gezwungen,
weil sie weder Haus noch Herd haben.
Gott, gib ihnen Holz und Nahrung und ein festes Haus.
Amen.

*Jungpfadfinder, Schwerte*

## 4. Das Feuer

Unsere Feuerstelle ist ein Kreis von Steinen.
Feuer ist ein Element, deshalb die Steine, die es umgrenzen.
Die nicht lebendigen Steine hüten das Leben spendende Feuer.
Es strahlt Licht, Wärme und Geborgenheit aus,
und in wilderen Gegenden schützt es vor wilden Tieren.
Wir versammeln uns um das Feuer,
um zu erzählen und zu singen.
Wenn wir Nachtwache haben, wird es zum Wachfeuer.
Gott, wir danken du für unsere Gemeinschaft
und für das Feuer in unserer Mitte.
Amen.

*Jungpfadfinder, Schwerte*

## 5. Wenn das Feuer vom Himmel fällt

Schon früh am Morgen des Karsamstags ist die Grabes- und Auferstehungskirche im Herzen der Altstadt von Jerusalem überfüllt, denn gegen dreizehn Uhr wird für die griechisch-orthodoxen und armenischen Christen »das heilige Feuer vom Himmel fallen«: Der Gekreuzigte hat den Tod besiegt. Die Aufregung der singenden Menge geht fast in stumme Konzentration über, wenn der griechische Patriarch und der armenische Bischof durch zwei schmale Öffnungen auf den Seiten des hl. Grabes die Flamme herausreichen. Das Feuer breitet sich über unübersehbar viele Kerzen in Windeseile aus: Läufer tragen die Flamme in die verschiedenen Teile der Kirche und durch die ganze Stadt. Mit einer Autokolonne eilt es zum Flughafen nach Tel Aviv, von dort per Flugzeug nach Athen. Gefährliche Szenen spielen sich in der Kirche ab, weil jeder rasch sein Bündel mit 33 kleinen Kerzen nach Hause tragen will, die auf die Lebensjahre des Herrn weisen. Die Trauer des Karfreitags ist in Freude umgeschlagen: Christus ist auferstanden!

*Christoph Strack*

Aus: KNA Sonderdienst Karwoche/Ostern.

## 6. *Die heilige Flamme*

Da ist ein Mann, der hat davon gehört, dass an einem fernen Ort eine heilige Flamme brennt. Er macht sich auf, um dieses Licht zu sich nach Hause zu tragen. Er denkt sich, wenn du dieses Licht hast, dann hast du das Leben, das Glück.
Nun ist er auf dem Heimweg. Seine Sorge ist, dass die Flamme erlischt.
Er trifft einen anderen, der kein Feuer hat, der friert. Der bittet ihn, ihm von seinem Feuer zu geben. Zuerst will er nicht, er denkt, dieses heilige Feuer für eine so weltliche Sache, das geht nicht. Dann aber gibt er doch. Auf seinem weiteren Weg gerät er in einen schlimmen Sturm. So sehr er auch sein Licht schützt, seine Flamme erlischt.
Nun erinnert er sich des anderen, dem er von seinem Licht abgegeben hat. Den weiten Weg zurück zum heiligen Ort über Meere und Ströme hätte er nicht mehr geschafft. Aber zu dem anderen, dem er geholfen hat, kann er zurück.

## 7. *Genug Asche?*

Ein Mensch, dem das Lachen vergangen war, rannte vor Aschermittwoch in alle Kirchen, die er erreichen konnte. »Habt ihr genügend Asche für die vielen Büßer geweiht, die kommen müssen? Die Welt ist wieder schlechter geworden. Dieses Jahr reicht die Asche nicht. Sie kann gar nicht reichen!« Und er fiel auf die Knie und betete zu Gott, dass die Asche ausreichen möge.
»Sie reicht«, sagten die Pfarrer gelassen, die die Anzahl ihrer Kirchenbesucher genau kannten.
Und sie hatten recht. Das meiste blieb nach Verteilung der Aschenkreuze sogar noch übrig.
Aber am Abend betete der Mensch wieder zu Gott, dass die Asche ausreichen möge.

*Thomas Klocke*

## *8. Ohne Kirche zu Jesus gehören?*

In jener Zeit kam einer zu Jesus und begann zu fragen: »Meister, wir alle wissen, dass du von Gott kommst und die Wege der Wahrheit lehrst. Aber was deine Jünger angeht, dein Gefolge oder deine Gemeinde, wie du das nennen magst – so muss ich gestehen, dass mir das nicht besonders zusagt, im Gegenteil. Erst kürzlich hatte ich wieder eine, heftige Auseinandersetzung mit einem deiner Getreuen. Und wie jeder weiß, sind sich deine Jünger untereinander auch nicht immer einig. Ich möchte deshalb ganz offen fragen: Kann man nicht auch so zu dir gehören, ich meine, ohne besondere Beziehungen mit deinen sogenannten Anhängern zu unterhalten. Ich möchte dir schon folgen und sozusagen ein Christ sein, aber ohne die sogenannte Gemeinde, ohne Kirche und all das ...!?«
Da sah ihn Jesus aufmerksam an. »Hör zu«, sagte er dann, »ich will dir eine Geschichte erzählen:
Da waren ein paar Männer, die saßen eines Tages im Gespräch zusammen. Als nun der Abend kam und die Dunkelheit hereinbrach, trugen sie Holz herbei zu einem Holzstoß und entfachten ein Feuer. Da saßen sie miteinander, die Glut des Feuers wärmte sie, und der Schein der Flammen erhellte ihre Gesichter. Da war aber nun einer unter ihnen, der wollte nicht länger im Kreis bei den anderen sitzen, sondern für sich allein. So nahm er einen brennenden Holzspan vom gemeinsamen Feuer und setzte sich damit abseits, fern von den andern. Der glimmende Span leuchtete auch ihm und strahlte Wärme aus. Bald aber ließ die Glut nach, und der alleinsitzende Mann spürte erneut die Dunkelheit und die Kälte der Nacht. Da besann er sich und nahm das schon erkaltete Stück Holz und trug es zurück in die Glut des großen Feuers, wo es sich erneut entzündete und Feuer fing und zu brennen begann. Und der Mann setzte sich wieder in den Kreis der andern. Er wärmte sich auf, und der Schein der Flammen erhellte sein Gesicht.«
Und Jesus fügte hinzu: »Wer zu mir gehört, ist dem Feuer nahe. Ja, ich bin gekommen, um das große Feuer auf der Erde zu entzünden, und wie sehr sehne ich mich danach, es hell auflodern zu sehen!«

*Lothar Zenetti*

Aus: Lothar Zenetti, Die wunderbare Zeitvermehrung.

# Lieder/Tanz und Musik

## *1. Feuer auf die Erde zu werfen*

T: Lukas 12,49 M: Winfried Pilz



**Tanzbeschreibung:**

Alle stehen mit Abstand auf der Kreisbahn, Front nach außen, und halten in der Hand ein rotes, gelbes oder orange Tuch. Ein Ende des Tuches bleibt immer in der Hand.

1. Teil: Die Tücher werden in einem hohen Bogen über den Kopf mit einer Drehung nach links in den Innenkreis geführt.
2. Teil: In umgekehrter Reihenfolge werden die Tücher wieder mit einer Drehung nach rechts außen geführt.
3. Teil: Rückwärts acht kleine Schritte gebeugt in die Mitte gehen, dabei die Tücher am Boden schlängeln. Bei letztem Schritt Drehung nach innen.
4. Teil: Vier große Schritte nach außen gehen und in den letzten vier Taktzeiten die Tücher hoch in die Luft schleudern.

## 2. *Da, wo ein Brunnen fließt*

2. Da, wo in dunkler Nacht,
kein Ufer, kein Stern zu sehn,
wo uns ergreift die Traurigkeit,
Suchen und Fragen stirbt,
wo wir nur Armut sind,
wo Leere nach Fülle ruft,
da ist es, wo der Dornbusch brennt,
wo unsre Wüste lebt.

3. Da, wo die Wege ruhn,
sich kreuzen und neu auftun,
wo eine Freiheit atmen lässt
und wo ein Ziel aufscheint,
wo eine Hoffnung wächst,
wo Aufbruch auf's Neu' gewagt,
da ist es, wo der Dornbusch brennt,
wo unsre Wüste lebt.

4. Da, wo ein Ruf ergeht,
zu tun, was uns möglich scheint,
wo wir bereits in Wort und Tat
heute den Frieden baun,
wo wir mit kleiner Kraft
gemeinsam das Gute tun,
da ist es, wo der Dornbusch brennt,
wo unsre Wüste lebt.

5. Wo das Geheimnis lebt,
Geborgenheit uns umfängt,
wo wir des Vaters Kinder sind,
da ist Gott jedem nah,
ist, wo der Dornbusch brennt,
wo unsre Wüste lebt,
ist, wo wir seinen Namen hörn:
»Ich bin für euch da.«

Melodie: aus Israel Text: Pater Michael Hermes


## 3. Musik

- Johann Sebastian Bach, Orchestersuite Nr. 1 C-Dur, 1. Satz: Ouvertüre
- Johann Sebastian Bach, Orchestersuite Nr. 3 D-Dur, 3. Satz: Gavotte
- Jede andere Musik, die an Feuer erinnern kann

## 4. Freie Improvisation

**Musik:** Johann Sebastian Bach, Orchestersuite Nr. 1 C-Dur, 1. Satz

**Tanzbeschreibung:**

Alle stehen im Raum verteilt und halten in ihren Händen ein gelbes und ein orange Tuch. Zur Musik können jetzt in freier Bewegung und Improvisation die Bewegungen des Feuers von der Glut bis zur lodernden Flamme nachgeahmt werden.

## *5. Feuertanz*

**Musik:** Johann Sebastian Bach, Orchestersuite Nr. 3 D-Dur

**Tanzbeschreibung:**

Alle stehen im Kreis. Front zur Kreisbahn. In jeder Hand ein Stöckchen, an das rote, gelbe und orange Krepppapierbänder gebunden sind.

- Sechzehn Schritte rechts herum auf der Kreisbahn gehen, die ersten acht Schritte aufrecht, die zweiten acht Schritte gebeugt, dabei dann die Stöckchen in jeder Hand leicht auf und ab bewegen. Am Schluss Drehung mit der Front nach innen.
- Acht Schritte in die Mitte gehen, dort Drehung und die Stöckchen dabei schwungvoll nach oben führen.
- Acht Schritte nach außen gehen, die Stöckchen dabei über dem Kopf schwenken. Von vorne.

## *6. Verklanglichung: Ohne Kirche zu Jesus gehören?*

| **Text:** | **Verklanglichung:** |
|---|---|
| Holz wird zusammengetragen. | *Klanghölzer* |
| Die Männer entfachen ein Feuer (entzünden, kleine Flamme, große Flamme, prasseln, knistern, Glut). | *(Siehe Feuerdarstellung unter Nr. 7)* |
| Einer sondert sich mit einer kleinen Flamme ab. | *Zwei Töne wiederholt auf dem Glockenspiel.* |
| Die kleine Flamme wird weniger und verlöscht. | *Die beiden Töne werden leiser und hören schließlich ganz auf.* |
| Dunkelheit und Kälte | *Rasseln* |
| Das kleine Holzstück erhält wieder Feuer. | *Zwei Töne auf dem Glockenspiel werden wieder lauter und verklingen im großen Feuer, das jetzt wieder lauter erklingt.* |

## *7. Verklanglichung: Feuer*

| **Text:** | **Verklanglichung:** |
|---|---|
| Holz wird zusammengetragen. | *Klanghölzer* |
| Ein Streichholz wird entzündet. | *Ton einer Triangel* |
| Eine kleine Flamme entsteht. | *Arpeggio auf den hohen Tönen eines Sopranglockenspieles* |
| Die Flammen lodern immer höher. | *Das Arpeggio wird von den tieferen Tönen und den anderen Stabspielen (Xylofon und Metallofon) übernommen und immer lauter.* |
| Das Holz knistert. | *Holzblock und Klanghölzer* |
| Das Feuer prasselt. | *Rasseln* |
| Die Flammen werden kleiner. | *Die Arpeggien der Stabspiele werden leiser, ein Instrument nach dem anderen hört auf:* |
| Glut | *einzelne verklingende Töne auf dem Glockenspiel* |
| Asche | *Reiben mit der Handfläche auf einer Handtrommel* |

## *8. Verklanglichung: Die drei Jünglinge im Feuerofen*

Das Bild »Die drei Jünglinge im Feuerofen« von Thomas Zacharias wird betrachtet. Die einzelnen Farben und Figuren benannt und dazu nach Möglichkeiten der Verklanglichung gesucht, z. B. dumpfe Töne für die dunkle Farbe des Ofens, ein Instrument für den König, eines für die drei Jünglinge. Alle Instrumente werden erst einzeln gespielt und dann als Klangbild zusammengesetzt.

## Bilder

- Foto eines Feuers, das Gemütlichkeit ausstrahlt (Lagerfeuer, Kaminfeuer)
- Foto eines vernichtenden Feuers (Waldbrand, Steppenbrand, Hausbrand usw.)
- Foto eines Feuers in der Osterliturgie
- Marc Chagall: Der brennende Dornbusch
- Thomas Zacharias: Die drei Jünglinge im Feuerofen

## Gestalten/Malen/Basteln

### *1. Gestaltung der Mitte*

- ein Feuer anzünden (im Freien)
- aus Tüchern, Holz und Steinen ein Feuer nachbauen
- ein Bild/Poster eines Feuers
- eine Schale mit Asche
- auf einen dunkelblauen Untergrund aus Tüchern oder hellgelbem Tonpapier einen Blitz legen

### *2. Bilder malen*

**Material:**

Wasserfarben, Kreiden, Pinsel, Papier

Folgende Themen eignen sich gut zum Malen:
- Feuer
- Waldbrand
- Mose am brennenden Dornbusch
- ein Blitz entzündet einen Wald
- Die Feuersäule begleitet das Volk Gottes auf dem Weg
- Die drei Jünglinge im Feuerofen
- Feuer der Liebe

### *3. Aus Asche ein Bild malen*

**Material:**

Holz, Papier zum Verbrennen, Papier zum Malen

**Methode:**

Holz und Papier werden zu einem kleinen Feuer geschichtet und verbrannt. Mit den Fingern wird dann aus der Asche ein Bild gemalt.

### *4. Reißbild: Feuer*

**Material:**

braunes, rotes, gelbes und orange dünnes Papier, großer Bogen weißes Papier, Klebstoff

**Methode:**

Aus dem farbigen Papier kleine Schnipsel reißen. Den Umriss eines Feuers auf dem großen Papierbogen andeuten und in dieser Form mit den Papierschnipseln bekleben.

### *5. Naturcollage zum Lied: Da, wo ein Brunnen fließt*

**Material:**

großer Bogen Papier, unterschiedliche Naturmaterialien wie Sand/ Steine/Wasser/Dornenzweige, buntes Papier, bunte Tücher, Rahmen als Fläche

**Methode:**

Das Lied (S. 218) wird gemeinsam gesungen. Dann werden die verschiedenen Bilder des Liedes herausgearbeitet und auf eine Tapete geschrieben. Immer wiederkehrende Symbole werden unterstrichen. In einem Rahmen (Sandkasten/Tablett/Koffer/Tisch usw.) werden die Symbole aus den unterschiedlichsten Naturmaterialien nachgelegt und einander zugeordnet. Die immer wiederkehrenden Symbole stehen als zentrale Stelle im Bild.

## *6. Fensterbild: Feuer (Transparentpapier)*

**Material:**

Transparentpapier in den Farben braun, gelb, orange, rot, Klebstoff

**Methode:**

Das Transparentpapier in Schnipsel reißen und dann in Form eines Feuers übereinander kleben. Man kann dieses Fensterbild in einem Rahmen herstellen oder mit leicht lösbarem Klebstoff direkt auf ein Fenster kleben.

## *7. Feuercollage aus Namen-Flammen*

**Material:**

rotes, gelbes, orange, braunes Tonpapier, großer Bogen Papier, Klebstoff, Stifte

**Methode:**

Jede/r schneidet sich aus dem bunten Tonpapier eine kleine Flamme und schreibt darauf den eigenen Namen. Auf dem großen Bogen Papier sind braune Streifen Tonpapier als Holzstoß zusammengeklebt worden. Darüber kleben jetzt alle ihre Flammen, sodass ein großes Feuer entsteht.

## *8. »Feuerlaterne« basteln*

**Material:**

Draht, Transparentpapier, Klebstoff (Kleister), Teelicht

**Methode:**

Aus dem Draht wird ein Gestell als Hohlkörper geformt, einer Flamme ähnlich. Darum herum wird Transparentpapier in den Feuerfarben gelb, orange und rot geklebt. Die Transparentpapierstücke liegen aneinander und aufeinander. Der Boden der Laterne wird mit Pappe verstärkt und darauf ein Teelicht befestigt.

### *9. Den brennenden Dornbusch gestalten*

**Material:**

Dornenzweige, Tücher, kleine Kerzen

**Methode:**

In die Mitte werden auf braune Tücher oder sandfarbene Tücher Dornenzweige gelegt und dazwischen gelbe und orange Tücher verflochten. Die Geschichte vom brennenden Dornbusch wird vorgelesen, anschließend stellt jede/r Teilnehmer/in ein Licht im Kreis um diese Mitte.

## Stilleübungen

*L = Leiter/in; TN = Teilnehmer/in. Jede freie Zeile im Sprechtext bedeutet eine längere Sprechpause.*

### *1. Das Feuer*

*Alle sitzen im Kreis um eine Mitte, die als Feuer gestaltet ist.*
*Alle schauen und entdecken die Mitte.*
*Während L spricht, werden die Bewegungen mitvollzogen.*

*L spricht:*
Warst du schon einmal dabei,
wie ein Feuer entfacht wurde?

Kannst du mit den Händen spielen,
wie die Flamme lodert?
Kannst du spielen, wie das Feuer flackert?

Spürst du die Lebendigkeit?
Spürst du die Unruhe?
Spürst du die Kraft?

Feuer lodert und brennt.
Feuer wärmt und glüht.
Feuer verbrennt und vernichtet.

Feuer schlägt Funken und entzündet.
Feuer ist gewaltig und mächtig.
Feuer züngelt.

Das Licht einer Kerze leuchtet und strahlt.
Das Feuer im Ofen knistert und wärmt.
Um das Lagerfeuer kannst du dich versammeln.
Es macht hell und warm.

Das Feuer sagt:
Entzünde mich!
Achte auf mich!
Ich schütze und ich kann zerstören.
Ich wärme und ich kann verbrennen.
Ich leuchte und ich kann glühen.
Ich bin leise und ich kann prasseln.

*Sr. Ester Kaufmann*

Aus: Der Sonnengesang des heiligen Franziskus, 1983.


*Alle bleiben still sitzen und schauen in die Mitte.*

## 2. Feuertraum

*Alle sitzen um ein brennendes Feuer herum, werden ganz still und schauen in das Feuer und in die Glut.*

## 3. Feuerbild

*Alle sitzen im Kreis um ein gestaltetes Feuer. Jede/r hat ein Blatt und Stifte vor sich. Eine Musik, die Feuer imitiert (s. S. 219), wird gespielt, dazu beginnen alle, auf ihr Blatt zu malen.*

# Spiel und Aktion

## *1. Sketche zu Feuer-Sprichworten erfinden*

Sprichworte und Redensarten zum Feuer werden gesammelt und aufgeschrieben, z. B. »Feuer und Flamme sein«. Dann wird zu jedem Sprichwort eine typische Situation erzählt und versucht, diese Situation nachzuspielen.

## *2. Sketch: Es brennt*

Folgender Sketch wird nachgespielt:
Der Untermieter klopft ans Wohnzimmer seines Vermieters und fragt äußerst höflich: »Kann ich bitte eine Tasse Wasser haben?«
Er erhält die Tasse mit Wasser und verlässt das Zimmer.
Das wiederholt sich mehrere Male, der Vermieter wundert sich immer mehr. Schließlich fragt er: »Ja, wofür brauchen Sie denn die Tassen mit Wasser?«
»Ja, wissen Sie«, antwortet der Untermieter, »in meinem Zimmer brennt es, da muss ich doch löschen!«

## *3. Koffertheater: Mose und der brennende Dornbusch*

Ein Koffer wird am Boden mit Sand ausgelegt. Dornenzweige als Dornbusch werden hineingesteckt und rote, gelbe und orange Papierschnipsel bereitgehalten für den Zeitpunkt, wenn der Dornbusch brennt. Der innere Deckel des Koffers wird mit himmelblauem Kreppapier und einer Sonne ausgekleidet. Ein Textstreifen mit dem Gottesnamen »Ich bin da« wird bereitgehalten, um bei der Nennung des Namens in den Himmel gehängt zu werden. Die Figur des Mose wird aus Pfeifenputzern und Stoffresten gebastelt, ebenso die Schafe, die er zu hüten hat. Die Geschichte vom brennenden Dornbusch wird vorgelesen und dann nachgespielt.

## *4. Lagerfeuer machen*

Gemeinsam wird Holz gesucht, aufgeschichtet und dann als Lagerfeuer entzündet. Am Lagerfeuer singen und Geschichten erzählen.

### 5. Spiel: Die heilige Flamme

Die Geschichte (S. 215) wird als Rollenspiel mit Kerzen nachgespielt.

### 6. Feuerspiel mit Tüchern

Mit roten, gelben und orangen Tüchern sind alle Mitspieler ausgestattet. Eine/r erzählt, wie das Feuer entfacht wird, alle anderen spielen mit den Tüchern nach, wie das Feuer entsteht und zur Glut wieder zusammensinkt.

### 7. Gemeinschaftsfeuer

Jeder erhält ein Holzscheit und schreibt darauf seinen Namen. Alle Scheite bilden den Grundstock eines Feuers. Zunächst versucht jede/r, sein/ihr Holzscheit anzuzünden. Wenn sie brennen, werden sie zu einem Gemeinschaftsfeuer zusammengelegt. Danach ein Gespräch über die Eigenschaften des Feuers führen.

### 8. Osterfeuer machen

Am Ostermontag auf freiem Feld ein großes Osterfeuer entfachen.

### 9. Über offenem Feuer kochen

Ein nicht zu großes Feuer anzünden und darüber einen Eintopf kochen oder ein Spiegelei braten.

### 10. Einem Schmied bei der Arbeit zusehen

Gemeinsam einen Schmied besuchen und ihm bei der Arbeit zusehen. Dabei besonders auf das Feuer achten, wie es das Eisen zum Schmelzen bringt.

### 11. Asche aus Palmzweigen

Trockene Palmzweige verbrennen. Aus der Asche sich gegenseitig ein Kreuz auf die Stirn zeichnen oder ein Kreuz als Bild malen.

# Stichwortregister

| **Symbol/ Stichwort** | *Geschichten/ Texte* | *Lieder/ Tanz* | *Malen/ Basteln* | *Stille-übungen* | *Spiel/ Aktion* |
|---|---|---|---|---|---|
| Farben | 131 (1)<br>132 (2)<br>135 (4) | 136 (1) | 139–140 | 46 (5)<br>141 (1) | 142 (1)<br>143 (5) |
| Feuer | 210–216 | 217–221 | 222–225 | 225–226 | 227–228 |
| Finsternis | 17 (5)<br>56 (2) | 33 (14)<br>70 (11) | | | 47 (2) |
| Frieden | 14 (3)<br>131 (1) | 156 (3) | | | 47 (1) |
| Gemeinschaft | | | | 43 (2) | 50 (13) |
| Getreide | 188 (1) | | | | |
| Gewitter | 173 (3) | 176 (5) | | | |
| Glaube | 14 (3)<br>22 (7) | | | | 47 (1) |
| Gott | 59 (3)<br>60 (5)<br>62 (7)<br>106 (4)<br>152 (6)<br>152 (7)<br>153 (8) | 26 (3)<br>27 (4)<br>30 (7)<br>31 (9)<br>110 (1)<br>112 (4)<br>137 (2) | 75 (13) | 98 (2) | 165 (1) |
| Hände | | | | 43 (2) | |
| Haus | 105 (3)<br>150 (4) | 114 (7) | | | 49 (6)<br>125 (4) |
| Heilige | 59 (4) | | 73 (8)<br>74 (10) | | |
| Heiliger Geist | | 157 (4)<br>192 (3)<br>192 (4) | | | |
| Himmel | 55 (1)<br>60 (5)<br>88 (3)<br>92 (2)<br>106 (4)<br>109 (6)<br>110 (7)<br>148–153<br>173 (3) | 26 (3)<br>69 (10)<br>115 (9)<br>137 (2)<br>154–159 | 159–162 | 120 (4)<br>162–165 | 120 (1)<br>126 (10)<br>165–168 |

| **Symbol/ Stichwort** | *Geschichten/ Texte* | *Lieder/ Tanz* | *Malen/ Basteln* | *Stille-übungen* | *Spiel/ Aktion* |
|---|---|---|---|---|---|
| Liebe | 14 (3) | 26 (3)<br>112 (4) | | | 47 (1) |
| Maria | | 67 (6) | 74 (10) | | |
| Martin | | | 41 (15) | | 50 (10) |
| Mauer | 132 (2) | | | | 142 (1) |
| Maus | 132 (2) | | | | 142 (1) |
| Meer | 188 (2) | 194 (10) | | | 201 (3)<br>201 (4) |
| Menschen | 56 (2)<br>131 (1)<br>151 (5) | 23 (1)<br>26 (3)<br>70 (11) | 37 (6)<br>38 (9) | | 81 (5) |
| Mond | 85–88 | 23 (1)<br>89–93 | 37 (6)<br>94–96 | 96–98 | 99–100 |
| Mose | | 218 (2) | 223 (5)<br>225 (9) | | 227 (3) |
| Nächsten-liebe | 17 (5)<br>86 (2)<br>104 (2)<br>105 (3)<br>107 (5)<br>148 (2)<br>215 (6) | 33 (14)<br>114 (7)<br>115 (8)<br>156 (3) | | | 47 (2)<br>125 (3)<br>125 (4)<br>125 (5)<br>166 (3)<br>228 (5) |
| Nacht | | 28 (5)<br>31 (9) | | | |
| Name | | | 224 (7) | | |
| Ostern | 20 (6)<br>214 (5) | 33 (15)<br>70 (12) | 41 (17) | | 47 (3)<br>51 (14)<br>51 (15) |
| Raum | 14 (2) | | | 44 (3) | 50 (9) |
| Regen | 131 (1)<br>135 (4) | 136 (1)<br>174 (1)<br>177 (6) | | | |
| Regenbogen | 131–135 | 136–138 | 139–140 | 141–142 | 142–143 |
| Schaf | 17 (5) | 33 (14) | | | 47 (2) |
| Schenken | | 66 (5) | | | |
| Schiff | | | | | 202 (8) |

| **Symbol/ Stichwort** | *Geschichten/ Texte* | *Lieder/ Tanz* | *Malen/ Basteln* | *Stille-übungen* | *Spiel/ Aktion* |
|---|---|---|---|---|---|
| Weih-nachten | 17 (5)<br>105 (3) | 33 (14)<br>34 (16)<br>112 (4)<br>113 (5) | 117 (5)<br>117 (7)<br>118 (8)<br>119 (12) | | 47 (2)<br>125 (1) |
| Welt | | 90 (2) | | | |
| Wind | 173 (3)<br>188–190 | 175 (2)<br>191–194 | 194–198 | 46 (5)<br>199–200 | 200–203 |
| Wolken | 172–173 | 26 (3)<br>91 (3)<br>174–177 | 178–180 | 164 (4)<br>180–182 | 183–184 |
| Wort | | 28 (5) | | | |
| Wunder | 56 (2) | | | | |
| Zeit | 22 (7) | | | | 122 (2) |

Erklärung:
131 (1) = Seite 131, Nr. 1

Elsbeth Bihler

**Symbole des Lebens –**
**Symbole des Glaubens**

**Band 3: Stein – Kreis/Mitte**

Werkbuch für
Religionsunterricht und Katechese

*240 Seiten*
*Format: 16 x 22 cm*
*Paperback*
*ISBN 978-3-7840-3393-8*

Auch der vollständig neu überarbeitete Band 3 der erfolgreichen Werkbuchreihe „Symbole des Lebens – Symbole des Glaubens“ gibt praktische Anregungen für die Arbeit mit ausgewählten Symbolen als Zeichen der Gegenwart Gottes und seiner Zuwendung zu den Menschen. Jeweils ein eigenständiges Kapitel bietet Geschichten und Texte, Lieder, Tanz und Musik, Gestaltungsideen, Stilleübungen sowie Spiele und Aktionen zu den Symbolen Stein, Brücke, Haus, Stadt, Tür, Brot und Wein, Fest sowie Kreis/Mitte. Das Stichwortverzeichnis hilft beim schnellen Auffinden passender Angebote für den persönlichen Bedarf.

lahn Lahn-Verlag, Kevelaer

Elsbeth Bihler

Symbolkreis
**Brot – Wein – Fest**
Arbeitsblätter für die Grundschule

Reihe:
*„Kreativer Religionsunterricht"*

*80 Seiten,*
*zahlreiche Abbildungen*
*und Ausmalvorlagen,*
*Lieder mit Noten*
*Geheftet*
*ISBN 978-3-7840-3331-0*

Das Arbeitsheft für die Grundschule widmet sich verschiedenen Themen, die in Verbindung zu folgenden Symbolen stehen: Weizenkorn, Brot, Trauben und Wein, Fest, Gottesdienst/Messe.
Im Materialteil bietet das Arbeitsheft kopierfähige Arbeitsblätter mit Liedern, Geschichten, Rätseln, Bastel- und Ausmalvorlagen; im Kommentarteil Gestaltungsvorschläge, Anregungen und Erläuterungen zu jedem Arbeitsblatt.

Bei der Auswahl der Texte und Themen wurden die Richtlinien für den katholischen Religionsunterricht berücksichtigt. Das Arbeitsheft kann auch in der Katechese und Gemeindarbeit eingesetzt werden.

lahn Lahn-Verlag, Kevelaer